»Schwarzseher dulde ich nicht, und wer sich zur Arbeit nicht eignet, der scheide aus, und wenn er will, suche er sich ein besseres Land.«

Reden Kaiser Wilhelms II.

Zusammengestellt
von Axel Matthes

Nachwort
von Helmut Arntzen

Rogner & Bernhard

Verzeichnis der zitierten Werke:

Penzler, Johannes: Die Reden Kaiser Wilhelms II. 4 Bände. Leipzig (1897—1913) Band 4 hrsg. von Bogdan Krieger. *Krieger, Bogdan:* Der Kaiser im Felde. Berlin (1916). *Schröder, Wilhelm:* Das persönliche Regiment. München 1907. *Ludwig, Emil:* Wilhelm der Zweite. Berlin 1926. *Zedlitz-Trützschler, Graf Robert:* Zwölf Jahre am deutschen Kaiserhof. Stuttgart-Berlin-Leipzig 1923. *Anonym:* Wilhelm II. und die Schwarzseher. Freiburg 1919. *Chamberlain, Houston Stewart:* Briefwechsel mit Kaiser Wilhelm II. München 1928. *Liman, Paul:* Der Kaiser. Leipzig 1913. *Thoma, Ludwig:* Gesammelte Werke. 7. Band: Erzählendes aus dem Nachlaß und ausgewählte Aufsätze. München 1933. *Mann, Heinrich:* Macht und Mensch. München (1919). *Kraus, Karl:* Die letzten Tage der Menschheit. München (1957).

Gesamtherstellung:
Salzer-Ueberreuter, Wien
Printed in Austria
ISBN 3 8077 0065 X

Wilhelm der Schweiger und Wilhelm der Schwätzer. Wilhelm der Schwätzer: „Komisch, daß man durch Schweigen ein großer Mann werden kann."

Karikatur von Johann Braakensiek.
(Weekblad voor Nederland, d'Amsterdam, 1900.)

Reden Kaiser Wilhelms II.

Armeebefehl.

Am 15. Juni 1888

starb Kaiser Friedrich III. Sein ältester Sohn Prinz Wilhelm folgte ihm als Deutscher Kaiser und König von Preußen auf dem Thron. Noch am Todestage seines Vaters erging an das Heer folgender Armeebefehl:

Während die Armee soeben erst die äußeren Trauerzeichen für ihren auf alle Zeiten in den Herzen fortlebenden Kaiser und König Wilhelm I., Meinen hochverehrten Großvater, ablegte, erleidet sie durch den heute Vormittag 11 Uhr 5 Minuten erfolgten Tod Meines teuren, innig geliebten Vaters, des Kaisers und Königs Friedrich III. Majestät, einen neuen schweren Schlag.

Es sind wahrlich ernste Trauertage, in denen Mich Gottes Fügung an die Spitze der Armee stellt, und es ist in der That ein tiefbewegtes Herz, aus welchem Ich das erste Wort an Meine Armee richte.

Die Zuversicht aber, mit welcher Ich an die Stelle trete, in die Mich Gottes Wille beruft, ist unerschütterlich fest, denn Ich weiß, welchen Sinn für Ehre und Pflicht Meine glorreichen Vorfahren in die Armee gepflanzt haben, und Ich weiß, in wie hohem Maße sich dieser Sinn immer und zu allen Zeiten bewährt hat.

In der Armee ist die feste unverbrüchliche Zugehörigkeit zum Kriegsherrn das Erbe, welches vom Vater auf den Sohn, von Generation zu Generation geht — und ebenso verweise Ich auf Meinen Euch allen vor Augen stehenden Großvater, das Bild des glorreichen und ehrwürdigen Kriegsherrn, wie es schöner und zum Herzen sprechender nicht gedacht werden kann — auf Meinen teuren Vater, der sich schon als Kronprinz eine Ehrenstelle in den Annalen der Armee erwarb — und auf eine lange Reihe ruhmvoller Vorfahren, deren Namen hell in der Geschichte leuchten und deren Herzen warm für die Armee schlugen.

So gehören wir zusammen — Ich und die Armee — so sind wir für einander geboren und so wollen wir unauflöslich fest zusammenhalten, möge nach Gottes Willen Friede oder Sturm sein.

Ihr werdet Mir jetzt den Eid der Treue und des Gehorsams schwören — und Ich gelobe, stets dessen eingedenk zu sein, daß die Augen Meiner Vorfahren aus jener Welt auf Mich herniedersehen, und daß Ich ihnen dermaleinst Rechenschaft über den Ruhm und die Ehre der Armee abzulegen haben werde.

Schloß Friedrichskron, den 15. Juni 1888.

Wilhelm.

Die Eigenschaften des Untertans sind die, worauf das Reich gegründet war. Sie machen nicht den Deutschen aus, nur den Untertan. Es sind nicht deutsche Eigenschaften, jedes Volk hat sie. Jedes Volk hat sie angewendet, bekämpft, mit anderen vermischt.

Untertanen und Freie haben nirgends grundsätzlich nacheinander gelebt, immer gab es Übergänge und Mischungen aus Absolutismus und Demokratie. Aber in Deutschland allein wurden sie durch ein falsches und unvollkommenes Geschehen so folgenschwer in einander verwickelt. Die absolutistischen Klassen waren nicht, wie anderswo, als politische Macht beseitigt, bevor neue Mächte sich durchsetzten. Der Adel und das Heer erwiesen sich als lebendig genug, um alles was vordrängte, umzubiegen und sich nutzbar zu machen. Die Demokratie war lebensnotwendig, hier wie überall, und der Bürger, ob er wollte oder nicht, vertrat sie. Hier aber war die Demokratie in der Schuld des Absolutismus und ihm untergeben wie einem Gläubiger. Die Demokratie hatte das Reich nur erstrebt, gemacht hatte es der Absolutismus. Jetzt mochte sie es bereichern, er beutete es aus. Durch seine Gewalttaten an das Ziel gelangt, brauchte sie ihn — gegen die anderen Demokratien.

(Heinrich Mann, Kaiserreich und Republik. 1919.

Bismarcks letzte Warnung:
„Majestät! Solange Sie dies Offizierskorps haben, können Sie sich freilich alles erlauben. Sollte das nicht mehr der Fall sein, so ist es ganz anders.“

(Alfred von Tirpitz, Erinnerungen. 1919/20.)

Wilhelms Brief an den Kaiser Franz Joseph über die Verabschiedung Bismarcks, begonnen am 3. März und beendet am 5. April 1890. Nur eine Stelle am Schluß: „Der Mann, den ich mein Lebenlang vergöttert hatte, für den ich im Elternhause wahre Höllenqualen moralischer Verfolgung ausgestanden; der Mann, für den ich allein nach dem Tode Großpapas mich in die Bresche geworfen, um ihn zu halten, wofür ich den Zorn meines sterbenden Vaters und den unauslöschlichen Haß meiner Mutter auf mich lud, der achtete das alles nichts und schritt über mich hinweg, weil ich ihm nicht zu Willen war! Welch ein Dolchstoß für mein Herz!“

(Österreichische Rundschau, 1. Februar 1919.)

Rede in Frankfurt a. d. Oder.

16. August 1888.

Mein Herr Oberbürgermeister!

Ich spreche Ihnen Meinen herzlichen Dank aus für die Worte, die Ich soeben vernommen, und bitte Sie, zugleich der Übermittler Meines wärmsten Dankes für den so herzlichen Empfang an die Stadt zu sein.

Ich weiß sehr wohl, daß wie Sie eben erwähnten, die Bande inniger, treuer Ergebenheit Frankfurt seit Jahrhunderten mit Meinem Hause verbunden haben.

Mein Herr Großvater wußte dies wohl und erwählte deshalb die Stadt zum Ort des Standbildes. Sein Wille übertrug dem Hochseligen Prinzen das Kommando des III. Armeecorps. Der eiserne, gewaltige Charakter, der mächtige Wille und das strategische Genie des Prinzen befähigten ihn besonders, an der Spitze des Armeecorps zu stehen und Brandenburgs Söhne in harter, schwerer Schule heranzubilden, wie sie sich später in den Schlachten bei Vionville gezeigt haben.

Es ist eine ernste Zeit, in der wir stehen. Die großen Heerführer, die unsre Armee zum Siege geleitet haben, die beiden großen Vettern, der Kronprinz und der Prinz Friedrich Karl, sind dahin.

Solange die Geschichte bestehen wird, so lange werden Mein Vater als der deutsche Kronprinz und Mein Oheim als der deutsche Feldmarschall par excellence als die Hauptvorkämpfer und Stifter des Reichs gefeiert werden.

Wie das Brandenburger Volk mit eiserner Energie und unermüdlicher Thätigkeit dem sandigen Boden seinen Erwerb abringt, so rang das III. Armeecorps heute vor 18 Jahren*) dem Feinde den Sieg ab. Die Leistungen aber, welche das Armeecorps vollbracht, hat es dem Prinzen und seiner Schule zu verdanken.

Ich trinke auf das Wohl der Stadt Frankfurt und auf das Wohl des III. Armeecorps.

Doch Eines will Ich noch hinzufügen, Meine Herren, im Hinblick auf den großen Tag, den wir feiern. Es giebt Leute, die sich nicht entblöden zu behaupten, daß Mein Vater das, was er mit dem seligen Prinzen gemeinsam mit dem Schwert erkämpfte, wieder herausgeben wollte. Wir alle haben ihn zu gut gekannt, als daß wir einer solchen Beschimpfung seines Andenkens nur einen Augenblick ruhig zusehen könnten. Er hatte denselben Gedanken als wir, daß nichts von den Errungenschaften der großen Zeit aufgegeben werden kann. Ich glaube, daß wir sowohl im III. Armeecorps wie in der gesamten Armee wissen,

daß darüber nur eine Stimme sein kann, daß wir lieber unsre gesamten 18 Armeecorps und 42 Millionen Einwohner

*) Am 16. August 1870 in der Schlacht bei Vionville und Mars-la-Tour.

auf der Walstatt liegen lassen, als daß wir einen einzigen Stein von dem, was Mein Vater und der Prinz Friedrich Karl errungen haben, abtreten.

In diesem Sinne erhebe Ich Mein Glas und trinke auf das Wohl Meiner braven Brandenburger, der Stadt Frankfurt und des III. Armeecorps!

In *Wilhelmshaven* wurde am 3. Juli 1900 in Gegenwart des Prinzen *Rupprecht* von Bayern der Stapellauf des neuen Linienschiffes „Wittelsbach" gefeiert. Hierbei sagte der Kaiser:

„Ich bin nicht der Meinung, daß unser deutsches Volk vor dreißig Jahren unter der Führung seiner Fürsten gesiegt und geblutet hat, um sich bei großen auswärtigen Entscheidungen *beiseite schieben* zu lassen. Geschähe das, so wäre es ein für allemal mit der Weltmachtstellung des deutschen Volkes vorbei, und ich bin nicht gewillt, es dazu kommen zu lassen. Hierfür die geeignetsten, und wenn es sein muß, auch die *schärfsten Mittel rücksichtslos* anzuwenden, ist meine Pflicht und mein schönes Vorrecht." (Schröder, S. 40.)

Antwort an die Berliner Brunnendeputation.

27. Oktober 1888.

Ich danke herzlich für das dargebotene Geschenk**) und nehme dasselbe gern entgegen. Es gereicht Mir zu freudiger Genugthuung, daraus zu ersehen, wie die Teilnahme der Berliner Bürgerschaft Mich begleitet, wohin Mich auch die Aufgaben Meines Kaiserlichen Berufes führen. Ich freue Mich um so mehr, dies an dem heutigen Tage aussprechen zu können, als Ich soeben einer schönen Feier beigewohnt habe, der Einweihung einer neuen Kirche***), deren Bau von dem lebhaftesten Interesse Meines Herrn Vaters verfolgt und gefördert wurde, zu deren Erbauung auch die Stadt Berlin

**) Der Schloßbrunnen auf dem Schloßplatze, südlich vom königlichen Schlosse.

***) Kreuzkirche auf dem Johannistisch in Berlin.

beigetragen hat. Ich hoffe und wünsche, daß solche Feier sich recht oft in Berlin wiederholen möge.

Auf Meiner Reise habe Ich zu Meiner großen Freude überall die Wahrnehmung gemacht, wie dem Deutschen Reich auch von den fremden Fürsten und Völkern eine warme Sympathie entgegengebracht wird, und daß diese Teilnahme sich auch auf die Reichshauptstadt Berlin erstreckt.

Ich kann aber nicht umhin, auch einer recht schmerzlichen Erinnerung aus Meiner Reise Ausdruck zu geben. Während Ich Meine Gesundheit und alle Kräfte eingesetzt habe, um durch Anknüpfen von Freundschaftsbanden den Frieden und die Wohlfahrt des Vaterlandes und damit auch der eigenen Hauptstadt zu sichern, haben die Tagesblätter Meiner Haupt- und Residenzstadt die Angelegenheiten Meiner Familie in einer Art und Weise an die Öffentlichkeit gezogen und besprochen, wie sich ein Privatmann das nie würde haben gefallen lassen.*) Ich bin dadurch nicht nur schmerzlich berührt, sondern auch Mein Unwille ist dadurch erregt worden. Vor allem bitte Ich Mir aus, daß das fortdauernde Citieren Meines Herrn Vaters gegen Meine Person endlich unterbleibt. Es verletzt Mich als Sohn aufs tiefste und ist unpassend im höchsten Grade. Ich gebe mich der Erwartung hin, daß, wenn Ich Berlin zu Meiner hauptsächlichen Residenz wähle — und Mich als Berliner zieht es immer hierher —, man davon absehen wird, intime Beziehungen Meiner Familie zum Gegenstand der Erörterung in der Presse zu machen. Die Aufgaben, welche Fürst und Volk vereinen, um unser Vaterland groß und glücklich zu machen, sind bedeutend und mannigfach genug, um sich mit voller Wärme ihnen hinzugeben und sich mit ihnen zu beschäftigen und alle andern Dinge, wie die vorerwähnten, ruhen zu lassen. In der treuen Hingabe an diese hohen und erhabenen Ziele sollte man sich vereinigen und seine Kräfte gebrauchen, und Ich vertraue, daß die Vertreter der Stadt Berlin, welche heute begrüßen zu können Mir zur besonderen Freude gereicht, hierzu an ihrem Teile mitwirken werden.

*) Die Klatschereien betrafen besonders die Beziehungen des Kaisers zu seinem entschlafenen Vater, die zu seiner Mutter und den Verbleib der von Kaiser Friedrich III. hinterlassenen Papiere.

Am 27. Juni 1888 empfing der Kaiser eine Abordnung der städtischen Behörden Berlins. Er antwortete den Abgesandten, obwohl er viele große Städte gesehen, hätte er doch den Eindruck, daß Berlin unter ihnen die *schönste Stadt* sei. Er schloß seine Ansprache:
„Eine Bemerkung will ich noch machen: Sorgen Sie dafür, daß *in Berlin Kirchen gebaut werden.*"

(Schröder, S. 83.)

Empfang der streikenden Bergleute.

14. Mai 1889.

Um den in dem rheinisch-westfälischen Kohlenbezirke ausgebrochenen Konflikt zwischen Arbeitgebern und Arbeitern ausgleichen zu helfen, empfing der Kaiser in persönlicher Audienz Deputationen beider Parteien, zuerst die der Bergleute: Schröder (als Sprecher), Siegel und Bunte. Auf Schröders Ansprache antwortete der Kaiser:

Jeder Unterthan, wenn er einen Wunsch oder eine Bitte vorträgt, hat selbstverständlich das Ohr seines Kaisers. Das habe Ich dadurch gezeigt, daß Ich der Deputation gestattet habe, hierher zu kommen und ihre Wünsche persönlich vorzutragen. Ihr habt euch aber ins Unrecht gesetzt, denn die Bewegung ist eine ungesetzliche, schon deshalb, weil die vierzehntägige Kündigungsfrist nicht innegehalten ist, nach deren Ablauf die Arbeiter gesetzlich berechtigt gewesen sein würden, die Arbeit einzustellen. Infolgedessen seid ihr kontraktbrüchig. Es ist selbstverständlich, daß dieser Kontraktbruch die Arbeitgeber gereizt hat und sie schädigt.

Ferner sind Arbeiter, welche nicht streiken wollen, mit Gewalt oder durch Drohungen verhindert worden, ihre Arbeit fortzusetzen. Sodann haben sich einzelne Arbeiter an obrigkeitlichen Organen und fremdem Eigentum vergriffen und sogar der zu deren Sicherheit herbeigerufenen militärischen Macht in einzelnen Fällen thätlichen Widerstand entgegengesetzt. Endlich wollt ihr, daß die Arbeit erst dann gleichmäßig wieder aufgenommen werde, wenn auf allen Gruben eure sämtlichen Forderungen erfüllt sind.

Was die Forderungen selbst betrifft, so werde Ich diese

durch Meine Regierung genau prüfen und euch das Ergebnis der Untersuchung durch die dazu bestimmten Behörden zugehen lassen. Sollten aber Ausschreitungen gegen die öffentliche Ordnung und Ruhe vorkommen, sollte sich der Zusammenhang der Bewegung mit socialdemokratischen Kreisen herausstellen, so würde Ich nicht imstande sein, eure Wünsche mit Meinem Königlichen Wohlwollen zu erwägen. Denn für Mich ist jeder Socialdemokrat gleichbedeutend mit Reichs- und Vaterlandsfeind. Merke Ich daher, daß sich socialdemokratische Tendenzen in die Bewegung mischen und zu ungesetzlichem Widerstande anreizen, so würde Ich mit unnachsichtlicher Strenge einschreiten und die volle Gewalt, die Mir zusteht — und die ist eine große — zur Anwendung bringen.

Fahrt nun nach Hause, überlegt, was Ich gesagt, und sucht auf eure Kameraden einzuwirken, daß dieselben zur Überlegung zurückkehren. Vor allem aber dürft ihr unter keinen Umständen solche von euren Kameraden, welche die Arbeit wieder aufnehmen wollen, daran hindern.

Über 100000 Ruhrarbeiter traten im Mai 89 in den Lohnstreik. Jetzt kommt sein großer Augenblick. Als Bismarck eben im Kabinett verschärfte Ausnahmegesetze vorschlägt, erscheint unangemeldet und plötzlich der Kaiser als Husar, in schneidigem Ton erklärt er: „Unternehmer und Aktionäre müssen nachgeben, die Arbeiter sind meine Untertanen, für die ich zu sorgen habe. Gestern habe ich den Oberpräsidenten am Rheine gewarnt: wenn die Industrie nicht sofort die Löhne erhöht, so ziehe ich meine Truppen zurück. Wenn dann die Villen der reichen Besitzer und Direktoren in Brand gesteckt und ihre Gärten zertreten werden, so werden sie schon klein werden!"
Bismarck: „Ich denke, auch die Besitzenden sind Ihre Untertanen, Majestät."
Der Kaiser, durch den Einwand irritiert, enthüllt den

Grund seiner Unruhe: „Wenn keine Kohle gefördert wird, so ist unsre Marine wehrlos! Wir können nicht mobil machen, wenn Kohlenmangel den Aufmarsch hindert. Wir sind in so prekärer Lage, daß ich als Zar jetzt gleich Krieg erklären würde." (Ludwig, S. 85/86.)

Empfang der Arbeitgeber im Bergbau.

16. Mai 1889

fand die Audienz der Arbeitgeberdeputation (Dr. Hammacher, Geheimer Kommerzienrat Haniel, Bergrat von Velsen und Bergassessor Krabler) statt. Auf die Ansprache Dr. Hammachers, des Vorsitzenden des Vereins für bergbauliche Interessen im Bezirk des Oberbergamts Dortmund, erwiderte der Kaiser:

Meine Herren! Ich habe Ihnen die Audienz gestattet, weil es selbstverständlich Sache des Monarchen ist, daß, wenn Seine Unterthanen in Streitigkeiten untereinander der Verständigung bedürfen und sie sich dann vertrauensvoll an das Staatsoberhaupt wenden, dann beide Parteien gehört werden. Ich habe die Arbeiter vorgestern gehört und freue Mich, Sie heute bei Mir zu sehen. Was die Ursache des Streikes betrifft und die Mittel zur Beseitigung desselben, so erwarte Ich darüber noch eingehende Berichte Meiner Behörden. Mir kommt es hauptsächlich darauf an, in Anbetracht der weitreichenden Schädigung der gesamten Bevölkerung, welche der Streik zur Folge hat, und nachdem ein zweiter Streik bereits in Schlesien, übertragen aus Westfalen, im Ausbruch begriffen ist, möglichst bald dem großen westfälischen Streik ein Ende zu machen.

Was Ich den Arbeitern gesagt habe, das wissen die Herren; es hat gestern überall in den Blättern gestanden; Ich habe darin Meinen Standpunkt in aller Schärfe gekennzeichnet. Die Arbeiter haben Mir übrigens einen guten Eindruck gemacht, sie haben sich der Fühlung mit der Socialdemokratie enthalten. Daß die Worte, die Ich zu ihnen gesprochen, in den Arbeiterkreisen Westfalens Anklang gefunden haben, ist Mir durch Telegramme bezeugt, und Ich habe Mich gefreut, daß Einmischungsversuche der Socialdemokratie von ihnen mit Energie abgewiesen worden sind. Die Verhandlungen, die Sie, Herr Hammacher, als Vorsitzender des Vereins, wie Ich gern höre, mit der Arbeiterdeputation geführt haben, sind Mir durch das Ministerium des Innern zugegangen, und Ich spreche Meine Anerkennung aus für das Entgegenkommen, was Sie den Arbeitern gezeigt haben, wodurch die Grundlage zu einer Verständigung gewonnen worden ist. Ich werde mich freuen, wenn auf dieser Basis sich Arbeitgeber und Arbeiter verständigen werden.

Ich möchte von Meinem Standpunkte aus noch Eins betonen. Wenn die Herren etwa der Ansicht sind, daß die von Mir gehörten Deputierten der Arbeiter nicht die maßgebenden Vertreter der Kreise wären, die dort streiken, so macht das nichts aus. Wenn sie auch nur einen Teil der Arbeiter hinter sich haben und die Meinung wiedergeben, die in ihren Kreisen besteht, so wird doch immer der moralische Einfluß des Versuchs der Verständigung von hohem Werte sein. Sind sie aber wirklich die Delegierten derselben, und haben sie die Ansicht der gesamten westfälischen Arbeiter vertreten, und sind sie dann mit den Punkten, die Sie ihnen eröffnet haben, einverstanden, dann habe ich zu dem gesunden und vaterländischen Sinn dieser Männer das Vertrauen, daß sie — und nicht ohne Erfolg — alles daran setzen werden, möglichst bald wieder ihre Kameraden zur Arbeit zu bringen.

Ich möchte bei dieser Gelegenheit allen Beteiligten dringend empfehlen, daß die Bergwerks-Gesellschaften und ihre Organe sich in Zukunft stets in möglichst naher Fühlung mit den Arbeitern erhalten, damit ihnen solche Bewegungen nicht entgehen. Denn ganz unvorbereitet kann der Streik sich unmöglich entwickelt haben. Es sind, wie Mir berichtet worden, allerdings Vorbereitungen getroffen; es bestand die Absicht, einen allgemeinen Streik ausbrechen zu lassen, nur zu einer späteren Zeit; und der Streik ist dort nur vorzeitig zum Ausbruch gekommen.

Ich möchte Sie bitten, dafür Sorge zu tragen, daß den Arbeitern Gelegenheit gegeben werde, ihre Wünsche zu formulieren, und sich vor allen Dingen immer vor Augen zu halten, daß diejenigen Gesellschaften, welche einen großen Teil Meiner Unterthanen beschäftigen und bei sich arbeiten lassen, auch die Pflicht dem Staat und den beteiligten Gemeinden gegenüber haben, für das Wohl ihrer Arbeiter nach besten Kräften zu sorgen und vor allen Dingen dem vorzubeugen, daß die Bevölkerung einer ganzen Provinz wiederum in solche Schwierigkeiten verwickelt werde. Es ist ja menschlich natürlich, daß jedermann versucht, sich einen möglichst günstigen Lebensunterhalt zu erwerben. Die Arbeiter lesen Zeitungen und wissen, wie das Verhältnis des Lohnes zu dem Gewinne der Gesellschaften steht. Daß sie mehr oder weniger daran teilhaben wollen, ist erklärlich. Deshalb möchte Ich bitten, daß die Herren mit größtem Ernst die Sachlage jedesmal prüfen und womöglich für fernere Zeiten dergleichen Dingen vorzubeugen suchen. Ich kann Ihnen nur ans Herz legen, daß das, was der Herr Vorsitzende Ihres Vereins am gestrigen Tage mit Erfolg begonnen hat, möglichst bald zu einem guten Ende geführt werde.

Ich betrachte es als Meine Königliche Pflicht, den Beteiligten, den Arbeitgebern sowohl wie den Arbeitern, Meine Unterstützung bei vorkommenden Meinungsverschiedenheiten in dem Maße zuzuwenden, in welchem sie ihrerseits bemüht sind, die Interessen ihrer gesamten Mitbürger durch Pflege ihrer Einigkeit untereinander zu fördern und vor Erschütterungen, wie diese, zu bewahren.

Besuch des Kaisers von Österreich in Berlin.

13. August 1889

fand zu Ehren des zum Besuche in Berlin weilenden Kaisers Franz Joseph von Österreich eine Parade statt. Bei dem sich anschließenden Festmahl feierte Kaiser Wilhelm seinen Gast mit folgendem Trinkspruch:

Mit freudig bewegtem Herzen heiße Ich Eure Majestät willkommen in Meiner Residenz und an der Stätte, an welcher Mein Hochseliger Großvater Sie zuletzt begrüßt hat. Bei dem jubelnden Empfang Meines Volkes werden Eure Majestät empfunden haben, wie warm und lebendig das

Denkmals = Markt

Günstiger Tausch

Wir möchten ein noch gut erhaltenes Schillerdenkmal gegen ein Wilhelm dem Großen zu Pferde umtauschen. Eventuell gegen Nachzahlung.

Hof=Theater in Wiesbaden.

Haasen–Haasen–Haasen

Prima=Hof=Denkmal=Modelle

Täglich frisch

Die einzige Kunstwildpretbandlung „Zur göttlichen Kreatur".

178 Zentner Marmor

besonders passend für einen 40 Ender billig zu verkaufen. Offerten unter „Horridoh" an die Expedition dieses Blattes.

Erste kontinentale Denkmal=Leih=Anstalt

„Ideal" empfiehlt Ortschaften, die Fürstenbesuche erwarten, ihre transportablen und transparenten — größte Sensation der Neuzeit! — Nationaldenkmäler. Lieferung innerhalb drei Tagen.

Kolonialbrunnen

prima Kunstwerke, Blut speiend, bilden eine Zierde für jeden Garten. Bestellungen nimmt entgegen

Deutsches Kolonialhaus
(Brunnen-Abteilung).

Denkmal=Fracht=Dampfer

Für die Fahrt nach Amerika empfehle ich meine

Doppel=Schrauben=Dampfer

die eigens für den Transport von Denkmälern eingerichtet sind.

Versicherung gegen Rücktransport. Sehr günstige Bedingungen

Ballinchen & Co.

Der gemeinsame Abort

4 Meter hoch, 3 Meter breit, mit modernster Wasserspülung, aus echtem Marmor und Meerschaum gearbeitet in klassisch edelem Stil. Auf dem gewaltigen Monument sitzt in sinnender Stellung ein Mann von heldenhaftem Aeußern, dem man den Hausbesitzer sofort ansieht. Links und rechts drängen sich geduldig und erwartungsvoll Männer, Frauen und Kinder in malerisch und spannend unordentlicher Kleidung.

Das Denkmal, von dem auch kleinere Abgüsse angefertigt sind, bildet eine Zierde im Salon eines jeden Sozialpolitikers und ist die schönste Erinnerung an den Frankfurter Wohnungskongreß.

Das Ganze atmet den feinen Duft und die gewaltige, zugleich gepreßte und erregte Stimmung der auf die einfachste Weise bewirkten Lösung der sozialen Frage und des endlichen Ausgleiches der Klassengegensätze.

Heirat

Prinz aus altem Hause — zur Zeit in ca. 70 Orten bedenkmalt — wünscht sich ebenbürtig zu vermählen. Offerten unter Beifügung von Auto-Skulpturen nebst Entwürfen der zu erwartenden Nachkommenschaft unter „Blauestes Blut" an die Expedition von „Hau — mich — aus"

Büchmann in Gips

Zur parlamentarischen Saison empfehle ich meine ausgehauenen geflügelten Worte. Jedes Zitat ein Meisterwerk, fertig zum Ausstellen. Haltbarkeit garantiert. Unzerbrechlich, daher auch zum Werfen geeignet. Auf Wunsch fertige auch aus Seife.

Bernhardowitsch Büloff
Aktiengesellschaft für angewandten Geist.

Panzerschiffe Torpedobote Automobile

in Marmor, Guttapercha und Elfenbein, besonders passend für den Volkspark Grunewald, jederzeit vorrätig.

Tirpitzky.

Der Streikposten

Erziehungsdenkmal für Gefängnisse, Fürsorge-Anstalten, Arbeitshäuser. **Muster bei jedem Schutzmann vorrätig.**

Gefühl für die schon seit Hunderten von Jahren zwischen Unsern Völkern bestehende Freundschaft zum Ausdruck kommt. Vor allem aber ist Mein Heer, von dem Eure Majestät einen Teil zu sehen Gelegenheit hatten, stolz darauf, sich dem scharfen Soldatenblick Eurer Majestät stellen zu dürfen.

In Meinem Volke wie in Meinem Heere wird fest und treu an der von Uns geschlossenen Bundesgenossenschaft gehalten, und letzteres ist sich bewußt, daß es zur Erhaltung des Friedens für Unsere Länder vereint mit der tapferen österreichisch-ungarischen Armee, einzustehen, und, wenn es der Wille der Vorsehung sein sollte, Schulter an Schulter zu fechten haben wird.

In dieser Gesinnung erhebe Ich Mein Glas und trinke auf das Wohl Eurer Majestät, Ihres gesamten Hauses und Unserer braven österreichisch-ungarischen Kameraden!

Möge die Prophezeiung des Freiherrn von Gühlen: „Die deutsche Nation wird die imposanten Kavallerie-Attakken der Kaisermanöver mit dem in Strömen fließenden Blut seiner Söhne zu bezahlen haben" niemals zur Wirklichkeit werden!

(Paul Liman, Der Kaiser. Leipzig 1913, S. 110.)

„*Seife ist die Hauptsache, nur Seife!*" Dieses Wort fiel bei dem Empfang, der einer Anzahl Mitglieder des Kongresses zur Bekämpfung der Tbc durch den Kaiser zuteil wurde, und der Kaiser ist der Autor des Wortes.

(Berliner Lokalanzeiger, 30.5.1899.)

Ansprache in der Centralturnanstalt.

25. Februar 1890

stattete der Kaiser der Centralturnanstalt in Berlin, die nur für Offiziere errichtet ist, einen Besuch ab und äußerte sich nach Beendigung der Übungen folgendermaßen:

Ich spreche Meine ganz besondere Zufriedenheit aus über die gesehenen Leistungen und ermahne die Herren, ja nie zu vergessen, daß sie das, was sie gelernt haben, in erster Linie ihrem hochverdienten Director, dem Obersten von Dresky zu verdanken haben ...

Was das Florettfechten betrifft, so vermißt man noch die rechte Vorbereitung, was aber der Anstalt nicht zum Vorwurf zu machen ist; sondern das hat seinen Grund vielmehr in der mangelnden Vorbereitung der einzelnen Herren, der gegenüber die Anstalt einen schweren Stand hat. Ich werde jedoch dafür sorgen, daß künftighin die Offiziere in diesem Zweige der Fechtkunst eine bessere Vorbildung erhalten. In den Kadettenhäusern und Kriegsschulen muß besonders nach dieser Richtung hin auf körperliche Durchbildung mehr gesehen werden ...

Ich habe mit besonderer Freude bemerkt, wie die einzelnen Paare (bei dem Bajonettieren) so kräftig und energisch aufeinander losgingen. Ich erwarte von jedem einzelnen der Offiziere, daß sie die Ideen, welche sie in der Centralturnanstalt in sich aufgenommen haben, nach Kräften in der Armee verbreiten und zum Gemeingut ihres Truppenteils machen werden.

Wenn der Kaiser bei einem Offizierkorps speist, erscheint er stets im Rocke des so geehrten Regimentes. Ja der Monarch hat hier so überaus feine Nuancen, daß die Berliner meinen, er besichtige das Aquarium nur im Admiralsanzuge; daß ein britischer Diplomat witzelte, der deutsche Kaiser möge selbst einen Plumpudding nur in der Uniform seiner „Royal Dragoons" genießen. Man hat Wilhelm II. schon an *einem* Tage in sechs verschiedenen Uniformen gesehen, nimmer aber sich darüber freuen dürfen, daß er zu seinen Bürgern im Bürgerkleide gekommen wäre.

(Wilhelm II. und die Schwarzseher, 1919. S. 106.)

Festmahl des Brandenburgischen Provinziallandtages.

5. März 1890.

Der Kaiser beehrte wieder den Brandenburgischen Provinziallandtag durch Teilnahme an dessen Festmahle im Hotel Kaiserhof in Berlin. Er hielt dabei folgende Tischrede:

Zunächst spreche Ich Ihnen, Meine Herren, Meinen Dank dafür aus, daß Sie den Wunsch gehabt haben, Mich heute Abend in Ihrer Mitte zu sehen.

Es sind drei Jahre verflossen, seit Ich — abgesehen von dem kurzen Besuche im Landhause am Schlusse Ihrer vorjährigen Sitzungen — mit Meinen Brandenburgern zusammengewesen bin. In diesen drei Jahren hat sich manches ereignet, was Mein Haus und mit Meinem Hause die Mark Brandenburg betroffen hat.

Das oft bewunderte und für die Ausländer unverständliche innige Zusammenhalten der Hohenzollern mit Brandenburg beruht vor allem darauf, daß im Gegensatz zu anderen Staaten es den Brandenburgern vergönnt gewesen ist, im schwersten Unglück ihre Treue dem Hohenzollernhause bewahren und beweisen zu können.

Lassen Sie Mich an Meine Vorfahren erinnern, unter ihnen vor allen an den Großen Kurfürsten, von dem Ich immer gerne, besonders zu Ihnen spreche, da man ihn schon bei seinen Lebzeiten den Großen Brandenburger nannte; an Friedrich den Großen — sie beide haben es jederzeit als ihre erste Pflicht erkannt, das Land, welches sie einst mit ihrer — wie man sagt — schöneren Heimat in Süddeutschland vertauscht hatten, nicht zu ihrem Vorteil zu nutzen, sondern ihre Interessen ganz mit denen ihres neuen Vaterlandes zu verschmelzen und als ihre höchste Aufgabe zu betrachten, rastlos für das Wohl desselben thätig zu sein.

Bei Meinen Reisen, von denen Ihr Herr Vorsitzender sprach, habe Ich nicht allein den Zweck verfolgt, fremde Länder und Staatseinrichtungen kennen zu lernen und mit den Herrschern benachbarter Reiche freundschaftliche Beziehungen zu pflegen; sondern diese Reisen, die ja vielfach Mißdeutungen ausgesetzt waren, haben für Mich den hohen

Wert gehabt, daß Ich, entrückt dem Parteigetriebe des Tages, die heimischen Verhältnisse aus der Ferne beobachten und in Ruhe einer Prüfung unterziehen konnte. Wer jemals einsam auf hoher See auf der Schiffbrücke stehend, nur Gottes Sternenhimmel über sich, Einkehr in sich selbst gehalten hat, der wird den Wert einer solchen Fahrt nicht verkennen. Manchem von Meinen Landsleuten möchte Ich wünschen, solche Stunden zu erleben, in denen der Mensch sich Rechenschaft ablegen kann über das, was er erstrebt und was er geleistet hat. Da kann man geheilt werden von Selbstüberschätzungen, und das thut uns allen not.

In Meinem Zimmer hängt ein Bild, das lange in Vergessenheit geraten war; es zeigt eine Reihe stolzer Schiffe, den roten Adler Brandenburgs in der Flagge. Dieses Bild erinnert Mich täglich daran, wie schon der Große Kurfürst die richtige Erkenntnis dafür gehabt hat, daß Brandenburg zur Verwertung seines Fleißes und seiner Arbeitskraft eine Stellung im Weltmarkt sich erobern müsse. Groß sind die Fortschritte gewesen, die seit jener Zeit Preußens und Deutschlands Gewerbe und Handel aufzuweisen hat, besonders unter der Regierung Meines Herrn Großvaters. Das weitere Aufblühen unserer wirtschaftlichen Thätigkeit zu fördern, erachte ich für eine Meiner vornehmsten Aufgaben; Ich habe deshalb, nachdem Meine Thätigkeit zunächst der Sicherung der Ruhe nach außen gegolten, Meinen Blick nach innen gerichtet.

Die Ziele, die Mein Hochseliger Herr Großvater in Seiner Botschaft aufgestellt hat, habe Ich Mir angeeignet. In Seinen Fußtapfen fortschreitend, ist es Meine vornehmste Sorge gewesen, Mich eingehender um das Wohl der unteren Klassen Meiner Unterthanen zu bekümmern. Die Erfolge der Beratungen des Staatsrates, welche hoffentlich bald in gesetzlicher Form für unser Vaterland nutzbringend wirken werden, verdanke Ich nicht zum mindesten der treuen und aufopfernden Mithilfe brandenburgischer Männer.

Die von Mir vorher berührten Gesichtspunkte, nach welchen Meine Vorfahren und die Familie der Hohenzollern überhaupt ihre Stellung zu Brandenburg auffaßten, war im höchsten Maße in Meinem Hochseligen Großvater verkörpert.

Derselbe betrachtete Seine Stellung als eine Ihm von Gott gesetzte Aufgabe, der Er Sich mit Daransetzung aller Kräfte bis zum letzten Augenblick widmete. So wie Er dachte, denke auch Ich und sehe in dem Mir überkommenen Volke und Lande ein von Gott Mir anvertrautes Pfund, welches — wie schon in der Bibel steht — zu mehren meine Aufgabe ist und worüber Ich dereinst Rechenschaft abzulegen haben werde. Ich gedenke nach Kräften mit dem Pfunde so zu wirtschaften, daß Ich noch manches andere hoffentlich werde dazu legen können. Diejenigen, welche Mir dabei behilflich sein wollen, sind Mir von Herzen willkommen, wer sie auch seien; diejenigen jedoch, welche sich Mir bei dieser Arbeit entgegenstellen, zerschmettere Ich.

Sollten ernste Zeiten uns bevorstehen, so bin Ich der Treue Meiner Brandenburger gewiß und hoffe, daß sie Mir bei der Erfüllung Meiner Pflichten treulich beistehen werden. Darauf bauend, trinke Ich unter dem Wahlspruch: „Hie guet Brandenburg allewege" auf das Wohl Meiner Brandenburger und dieses teuren Landes.

Wenn der Fürst Dohna in Rominten einen guten Hirsch meldet, dann gibt er sich das Aussehen, als ob er der Wichtigkeit halber so herangestürzt käme und vor Aufregung und Eile gar nicht mehr atmen könne. Als wir auf der Rückfahrt von Rominten über Königsberg und die Marienburg nach Danzig kamen, wurde Seine Majestät auf dem Bahnhof vom Generalleutnant v. Mackensen empfangen und bei der Meldung auf die behandschuhte Rechte geküßt. (Zedlitz-Trützschler, S. 84.)

Der Zeremonienmeister von Kotze aber nimmt dieses Gebiet noch ernster. Er geht eines Tages mit besonders schöner grüner Krawatte Unter den Linden, und als man ihn darob befragte, antwortete er: „Seine Majestät sind heute auf Jagd." (Zedlitz-Trützschler, S. 89/90.)

„Seine Majestät von früh bis abends bei den Ausgrabungen in Korfu ‚anordnend und belehrend', wie es heißt. Je vois cela d'ici! Und nach seiner Abreise wird das Ausgegrabene wieder verbuddelt, damit seine Majestät das nächste Frühjahr wieder die Freude des Ausgrabens und Findens hat!"
(Kiderlen-Wächter, Der Staatsmann und Mensch. Stuttgart 1924. Band 1. S. 80.)

Das Festmahl bei dem Norddeutschen Lloyd an Bord des Dampfers Fulda.

Indem Ich für Ihre freundlichen Worte der Begrüßung danke, spreche Ich Meine ganz besondere Freude darüber aus, daß es Mir vergönnt gewesen ist, endlich einmal einem lange von Mir gehegten Wunsche nachkommen zu können und selbst in Augenschein zu nehmen das Wirken und Treiben, das Schaffen und Walten der großen Gesellschaft des „Norddeutschen Lloyd".

Ich kann Ihnen versichern, daß unter den vielen Interessen, die Ich in Bezug auf Meine Regierung und Mein Reich zu beachten und zu verfolgen habe, kaum etwas Mich mit größerer Teilnahme und Fürsorge erfüllt, als gerade das Gedeihen und das Leben Ihrer Gesellschaft. Ein jeder Neubau, den die Gesellschaft bestellt, ein jeder neue Erfolg, den Ihre Schiffe erringen, eine jede neue Linie, die begründet wird, erfüllt Mich, und nicht nur Mich, sondern viele, die ebenso denken wie Ich, im Lande mit Stolz und Befriedigung.

Das große Emporium, was wir heute in so herrlicher Pracht gesehen haben, welches der Stapelplatz für die vielen Bedürfnisse ist, die weiter hinausgeführt werden sollen, ist der Ausgangspunkt für die Erzeugnisse, die nun im raschen Lauf durch das Lloydschiff in alle vier Winde hinausgebracht werden. Die herrlichen Schiffe, die zur Bewunderung nicht nur der Deutschen, sondern gerade auch der Fremden, mit so schneller Fahrt die Flut durchschneiden, bringen überallhin erstens die Erzeugnisse unseres Vaterlandes, und zweitens sind sie das Zeichen unserer Schiffsbautechnik, unserer Arbeitsleistung und zu gleicher Zeit auch das Zeichen der Leistungen unserer Handelsmarine; und Ich glaube wohl ohne Überhebung sagen zu dürfen, wo sie hinkommen, können sie sich mit Recht und mit Stolz vor der Welt zeigen und blicken lassen.

Daß es selbstverständlich Meine erste Sorge ist, nach allen Richtungen so weit als möglich für den Frieden zu sorgen, das geschieht ja natürlich auch im Hinblick auf das, was der Lloyd zu leisten hat; denn gerade der Handel und Wandel vermag nur zu blühen und zu grünen, wenn die Geschäfte in sicherer Hut und sicherer Obhut sind. Es mögen Momente vorkommen, wo der Handelswelt Bedenken aufsteigen, wo es den nicht eingeweihten Laien scheinen will, als ob gefährliche Zeiten herannahen. Sie können überzeugt sein, es ist manches nicht so schlimm, wie es aussieht.

Und um Mich eines Bildes zu bedienen, so möchte Ich, der Ich als passionierter Seemann die Zeichen der Natur gern verfolge und bewundere, um, wie der Deutsche manchmal aus der Natur auf sich zurückschließt, auch aus einer Naturerscheinung einen Schluß auf unsere Verhältnisse ziehen. Es war auf Meiner ersten Fahrt mit dem Geschwader nach der Ostsee, Ich fuhr seit morgens 3 Uhr in tiefem Nebel, und man hörte nur das Tönen der Sirenen und von Zeit zu Zeit Kanonenschüsse, die die Position der Schiffe angaben. Um 8 Uhr sollte ein Kurswechsel eintreten, der Nebel war so dick, daß nicht einmal bis zu dem Kartenhaus des Schiffes zu sehen war, geschweige denn von einem Schiffe auf das andere; und es stiegen Bedenken auf, wie der Kurswechsel stattfinden würde. Er fand statt, und ungefähr eine Stunde nachher kamen wir mit der „Hohenzollern" plötzlich aus der Nebelbank heraus und fuhren mit frischem Winde und ruhigem Wasser bei blauem Himmel und hell leuchtender Morgensonne. Der Blick wendete sich zunächst rückwärts nach der Nebelbank, die wie eine große mächtige Wolke auf dem Meere lag, aus der nur die Laute der tönenden Sirene uns entgegenschallten. Mit einem Mal sahen wir hoch in den Wolken, anscheinend wie von der Hand eines Cherubim getragen, die deutsche Flagge allein durch die Wolken einherziehen; es war die Admiralsflagge, die an dem großen Mast des „Kaiser" wehte, der, als Leiter der Division noch im Nebel fahrend, uns gefolgt war. Es war dies ein so überraschender Anblick, daß alle, die mit uns auf der Brücke zusammen waren, unwillkürlich die Hacken zusammennahmen und dieses Naturwunder betrachteten. Zehn Minuten darauf tauchte das gesamte Geschwader in tadelloser Ordnung im neuen Kurs aus dem Nebel hervor.

Meine Herren, aus diesem Bilde schließe Ich, daß, was auch unserem Vaterlande, unserer Marine und dem Handel für Nebel und dunkle Stunden bestimmt seien, es uns Deutschen doch gelingen wird, diese Nebel und dunklen Stunden zu überwinden und bei kräftigem Vorwärtsstreben unser Ziel zu erreichen nach dem guten Grundsatz: „Wir Deutschen fürchten Gott, sonst niemand auf der Welt!"

Deshalb möchte Ich an Sie das Ersuchen richten, sollte auch in der Presse oder im öffentlichen Leben gar manches dunkel erscheinen, und, wie es leider nicht selten geschieht, Meine Worte und Äußerungen ausgelegt werden in allen möglichen Deutungen, die nicht darin liegen; so entsinnen Sie sich dessen, was Ich gesagt, und auch des alten Grundsatzes, den ein alter Kaiser*) gesprochen: „An einem Kaiserwort soll man nicht drehen und deuten."

Ich erhebe das Glas und trinke auf ein ewiges Fortleben, Gedeihen und Aufwärtsstreben des Norddeutschen Lloyd. Er lebe hoch! hoch!! hoch!!!

*) Das Wort wird Rudolf von Habsburg in den Mund gelegt.

Ganz schrecklich ist es mir, mit anhören zu müssen, wenn der Kaiser äußert: „Zeitungen lese ich überhaupt nicht." Er sagt dies in einem verächtlichen Tone und fügt dann noch gelegentlich hinzu: „Was diese Schafsköpfe schreiben, ist mir ganz gleichgültig."

(Zedlitz-Trützschler, S. 204.)

Es schleicht der Geist des Ungehorsams durch das Land; gehüllt in schillernd verführerisches Gewand, versucht er die Gemüter Meines Volkes und die Mir ergebenen Männer zu verwirren; eines Oceans von Drukkerschwärze und Papier bedient er sich, um die Wege zu verschleiern, die klar zu Tage liegen und liegen müssen für jedermann, der Mich und Meine Prinzipien kennt.

(Wilhelm II. am 20.2.1891.)

Ansprache an Kruppsche Arbeiter in Essen.

20. Juni 1890.

Der Kaiser besichtigt die Fabrikanlagen des Geheimen Kommerzienrats Krupp in Essen, empfängt dort eine Deputation von siebenhundert Arbeitern, die ihn mit dreifachem Hoch begrüßen, und richtet an sie folgende Ansprache:

Ich spreche euch Meinen herzlichen Dank aus, deutsche Arbeiter! Ihr wißt, daß unser Herrscherhaus von jeher für die arbeitenden Klassen gesorgt hat. Ich habe der Welt erklärt, welchen Weg Ich gehen will, und Ich sage heute wieder, daß Ich denselben Weg, den Ich bisher gegangen bin, auch weitergehen werde.

Es hat Mich besonders gefreut, aus eurem Wohlverhalten ersehen zu können, daß Ihr Mich verstanden habt und daß wir auf dem richtigen Wege sind. Vor allen Dingen aber freut es Mich, daß Ich Gelegenheit habe, die Fabrik wiederzusehen, deren Herr und deren Arbeiter für unser Vaterland von ungeheurer Bedeutung sind. Die Kruppsche Fabrik hat dem deutschen Arbeiter, der deutschen Industrie einen Weltruhm verschafft, wie keine andere Firma dies gethan hat. Und so danke Ich dem Herrn Krupp und den Arbeitern, und fordere euch auf, mit Mir auf das Wohl des Herrn Krupp und der Firma Krupp ein kräftiges Hoch auszubringen. Die Firma Krupp lebe hoch! hoch!! hoch!!!

Der rote Nimmersatt. ER: „Nanu, roter Nimmersatt, is die Kompottschüssel etwa nicht voll?“ Der Arbeiter: „I freilich is se voll, aber Kompott is et nich, sondern bloß Kohl!“ („Neue Glühlichter“, Wien 1905.) — Die Karikatur nimmt Bezug auf eine sozialpolitische Äußerung des Kaisers, daß die Kompottschüssel des Arbeiters jetzt voll genug sei.

Rede im Landesökonomiekollegium.

11. November 1890.

Am 10. November trat in Berlin das preußische Landesökonomiekollegium zusammen. Für den 11. November stand auf der Tagesordnung ein Antrag des landwirtschaftlichen Centralvereins Königsberg betr. die Schutzmaßregeln bei landwirtschaftlichen Maschinen. Zu dieser Beratung erschien auch der König und äußerte sich folgendermaßen:

Mir sind zwei Punkte aufgefallen, von denen Ich bitten möchte, daß Sie dieselben bei Ihrer Beratung berücksichtigen. Es sind seit Meiner Regierungszeit merkwürdig viele Fälle vorgekommen, in denen Arbeiterinnen umgekommen sind durch Verunglückung bei Maschinen. Ich bekomme regelmäßig tabellarische Übersichten der Begnadigungsgesuche vom Justizminister, und dabei ist Mir die Zahl auffällig gewesen der Unglücksfälle, welche ländliche Arbeiterinnen beim Maschinenbetriebe betroffen haben. Ich habe nun, wie dies auch schon angeführt worden ist, die Begnadigung nicht mehr so leicht wie früher eintreten lassen. Nebenbei bemerkt, herrscht eine große Verschiedenheit in der gerichtlichen Beurteilung dieser Straffälle und in dem verhängten Strafmaß. Ich ließ nun nachforschen, wodurch eigentlich diese Arbeiterinnen — es waren vorzugsweise Mädchen bei Dreschmaschinen — umgekommen waren, und regelmäßig zeigte es sich, daß die Mädchen mit ihren Röcken von den Transmissionswellen erfaßt und darin verwickelt wurden. Nun erkundigte Ich Mich, ob keine Schutzvorrichtungen da wären. Jawohl, hieß es, nach den polizeilichen Vorschriften müßte die Welle mit einem Deckel oder einem Kasten zugedeckt sein; aber das war in diesen Fällen jedesmal außer acht gelassen. Es zeigt sich hier also einerseits eine gewisse Gleichgültigkeit seitens des Besitzers oder desjenigen, der den Betrieb zu leiten hat, gegen das Leben der von ihm beschäftigten Arbeiterinnen, und anderseits auch eine Gleichgültigkeit der Arbeiterinnen selbst, die sich daran gewöhnt hatten, in der Nähe der bewegten Maschinenteile zu arbeiten und die Wellen zu überschreiten, und schließlich geschah dann das Unglück. Daher möchte Ich Sie bitten, daß vielleicht bei dem Wort „Maschinen“

diese Übertragungs-Vorrichtungen nicht vergessen werden; die Maschinen stehen vielfach in dem einen Raum, und die Übertragungen befinden sich in einem andern Raum oder auf dem Hofe, und das ist eine Hauptursache der Unglücksfälle. Denn über den Hof läuft jeder, um so mehr, wenn noch Kinder da sind und herumspielen, und dann kann zu leicht Unheil passieren.

Sodann möchte Ich in Bezug auf das von einem der Vorredner Erwähnte bemerken, daß Ich von selber zu dem gleichen Schluß gekommen bin, wie Herr Professor Schmoller. Ich glaube nämlich, daß es nicht genügt, wenn der Staat den Arbeitern die Verpflichtung auferlegt, sich in acht zu nehmen, und wenn er ihnen Vorschriften macht, wie sie sich bei den Maschinen zu benehmen haben. Es ist dies nicht durchführbar.

Ich glaube vielmehr, daß, wenn solche Wünsche vorhanden sind, wenn sich Nachteile in der Beziehung herausgestellt haben, daß die Arbeiter zu leichtsinnig verfahren, so ist es viel besser, man legt dem betreffenden Besitzer oder dem, der mit der Leitung der Maschinen beauftragt ist, die Verpflichtung auf, das Personal besser zu beaufsichtigen. Kann der Besitzer sich selbst nicht darum kümmern, dann möge er sich doch solche Beamte halten, die auf die Arbeiter genügend einwirken, daß sie sich in acht nehmen. Man muß nicht vergessen: was ist meistens ein solcher Arbeiter? was versteht er von der Maschine? Er weiß häufig nur, sie schneidet oder ist sonst gefährlich; es ist ihm ein gewisser Handgriff gezeigt worden, so soll er es machen; aber das andere, das versteht er nicht und ist ihm gleichgültig. Also Verordnungen, welche sich nur oder vorzugsweise auf die Arbeiter beziehen, würden nichts nützen, denn die Leute würden nicht begreifen, was sie bezwecken, und würden, wenn ihnen die Sache langweilig oder unbequem wird, es doch immer außer acht lassen und sich dadurch den Unfällen aussetzen.

Ich glaube also, die Hauptsache ist, beim landwirtschaftlichen Maschinenbetriebe auf eine gehörige Beaufsichtigung der Arbeiter durch die Arbeitgeber hinzuwirken. Wenn das geschieht, so würden die Unfälle schon abnehmen.

Sehr interessiert hat es Mich, hier zu hören, daß in der Landwirtschaft nicht die Maschinen, sondern ganz andere Umstände die meisten Unfälle herbeiführen und daß speciell in allen Provinzen, wo viel mit Pferden gearbeitet wird, viele Unglücksfälle dabei vorkommen. Da ist es Mir sehr angenehm, daß auch diese Seite der Frage der Unfallverhütung hier angeregt ist, und daß die Herren sich damit beschäftigt haben.

Im übrigen ist es Mir eine große Freude gewesen, an diesen Beratungen teilzunehmen.

Rede über die Reform höherer Schulen.

4. Dezember 1890.

Auf Anregung des Kaisers waren am 31. Oktober an fünfundvierzig Vertrauensmänner Einladungen ergangen zur Teilnahme an einer Konferenz über Fragen des höheren Schulwesens. Mit Ausnahme des wegen andrer wichtiger Arbeiten dispensierten Geheimrats Professor Dr. Koch traten alle Geladenen am 4. Dezember zu den Beratungen unter dem Vorsitz des Staatsministers Dr. von Goßler in Berlin zusammen und wurden nach dessen Eröffnungsansprache vom König mit folgenden Worten begrüßt:

Meine Herren! Ich begrüße Sie von ganzem Herzen hier und Ich danke dem Herrn Minister, daß er persönlich trotz des Überladenseins mit Arbeiten aller Art es übernommen hat, den Vorsitz in dieser Versammlung zu führen.

Ich bin der festen Überzeugung, daß kein Mensch mehr dazu angethan und geschickter dazu angelegt ist, eine solche Frage richtig zu leiten und zu ihrer Lösung beizutragen, wie unser Herr Kultusminister, von dem Ich ganz bestimmt und ohne Überhebung sagen kann, daß der deutsche Staat und das Königreich Preußen seit langen Jahren keinen so tapferen, hingebenden und hervorragenden Kultusminister gehabt haben, wie ihn. Ich hoffe, daß es gelingen wird, das Werk mit Ihrer Hilfe nicht nur zu fördern, sondern auch zum Abschluß zu bringen.

Nach dem Eintritt in die Verhandlungen ergriff der Kaiser nochmals das Wort zu einer längeren Rede, die folgenden Wortlaut hatte:

Meine Herren! Ich habe Mir zuerst ausgebeten, ein paar Worte zu Ihnen zu reden, weil Mir daran liegt, daß die Herren von vornherein wissen, wie Ich über die Sache denke. Es wird entschieden sehr vieles zur Diskussion kommen, ohne entschieden werden zu können, und Ich glaube, daß auch manche Punkte nebelhaft im Dunkel bleiben werden; deshalb habe Ich es für gut gehalten, die Herren nicht im Zweifel darüber zu lassen, welches Meine Ansichten darüber sind.

Zunächst möchte Ich bemerken, daß es sich hier vor allen Dingen nicht um eine politische Schulfrage handelt, sondern lediglich um technische und pädagogische Maßnahmen, die wir zu ergreifen haben, um unsere heranwachsende Jugend den jetzigen Anforderungen, der Weltstellung unseres Vaterlandes und auch unseres Lebens entsprechend heranzubilden. Und da möchte Ich gleich eines bemerken.

Ich würde Mich sehr gefreut haben, wenn wir diese Prüfungen, diese Verhandlungen nicht mit einem französischen Wort: „Schulenquête", sondern mit dem deutschen Wort „Schulfrage" benannt hätten. „Frage" ist das alte deutsche Wort für Voruntersuchung, und Ich muß sagen, das ist auch mehr oder weniger eine Voruntersuchung. Nennen wir die Sache doch kurzweg „Schulfrage".

Ich habe die vierzehn Punkte durchgelesen und finde, daß dieselben leicht dazu verführen könnten, die Sache zu schematisieren. Das würde Ich im höchsten Grade bedauern. Die Hauptsache ist, daß der Geist der Sache erfaßt wird und nicht die bloße Form. Und da habe Ich Meinerseits einige Fragen aufgestellt — Ich werde sie cirkulieren lassen —, von denen Ich hoffe, daß sie auch Berücksichtigung finden werden.

Zunächst „Schulhygieine außer Turnen" — eine Sache, die sehr genau erwogen werden muß —; sodann „Verminderung des Lehrstoffs" (Erwägung des Auszuscheidenden); ferner die „Lehrpläne für die einzelnen Fächer", sodann die „Lehrmethode für die Organisation" — es sind bereits die Hauptpunkte vorgeschlagen worden —; sechstens: „Ist der Hauptballast aus den Examina beseitigt?" und siebentens: „die Überbürdung in Zukunft vermieden?" Achtens: „Wie denkt man sich die Kontrolle — wenn das Werk zustande gekommen ist?" Neuntens: „Regelmäßige und außerordentliche Revisionen durch verschiedene Oberbehörden?"

Ich lege hier die Fragen auf den Tisch des Hauses; wer sie sich ansehen will, kann sich darüber weiter informieren.

Die ganze Frage, meine Herren, hat sich allmählich, vollkommen von selber entwickelt; Sie stehen hier einer Sache gegenüber, von der Ich fest überzeugt bin, daß Sie durch die Vollendung, die Sie ihr geben werden, durch die Form, die Sie ihr aufprägen werden, dieselbe wie eine reife Frucht der Nation überreichen werden.

Dieser Kabinettsorder (v. 1817), die der Herr Minister vorhin zu erwähnen die Güte hatte, hätte es vielleicht nicht bedurft, wenn die Schule auf dem Standpunkte gestanden hätte, auf welchem sie hätte stehen müssen. — Ich möchte im voraus bemerken, wenn Ich etwas scharf werden sollte, so bezieht sich das auf keinen Menschen persönlich, sondern auf das System, auf die ganze Lage. — Wenn die Schule das gethan hätte, was von ihr zu verlangen ist — und Ich kann zu Ihnen als Eingeweihter sprechen, denn Ich habe auch auf dem Gymnasium gesessen und weiß, wie es da zugeht —, so hätte sie von vornherein von selber das Gefecht gegen die Socialdemokratie übernehmen müssen. Die Lehrerkollegien hätten alle miteinander die Sache fest ergreifen und die heranwachsende Generation so instruieren müssen, daß diejenigen jungen Leute, die mit Mir etwa gleichaltrig sind, also von etwa dreißig Jahren, von selbst bereits das Material bilden würden, mit dem Ich im Staate arbeiten könnte, um der Bewegung schneller Herr zu werden. Das ist aber nicht der Fall gewesen. Der letzte Moment, wo unsere Schule noch für unser ganzes vaterländisches Leben und für unsere Entwicklung maßgebend gewesen ist, ist in den Jahren 1864, 1866 bis 1870 gewesen. Da waren die preußischen Schulen, die preußischen Lehrerkollegien Träger des Einheitsgedankens, der überall gepredigt wurde. Jeder Abiturient, der aus der

Schule herauskam und als Einjähriger eintrat oder ins Leben hinausging, alles war einig in dem einen Punkte: das Deutsche Reich wird wieder aufgerichtet und Elsaß-Lothringen wiedergewonnen. Mit dem Jahre 1871 hat die Sache aufgehört. Das Reich ist geeint; wir haben, was wir erreichen wollten, und dabei ist die Sache stehen geblieben.

Jetzt mußte die Schule, von der neu gewonnenen Basis ausgehend, die Jugend anfeuern und ihr klar machen, daß das neue Staatswesen dazu da wäre, um erhalten zu werden. Davon ist nichts zu merken gewesen, und jetzt schon entwickeln sich in der kurzen Zeit, seit der das Reich besteht, centrifugale Tendenzen — Ich kann das gewiß genau beurteilen, weil Ich oben stehe und an mich alle solche Fragen herantreten.

Der Grund ist in der Erziehung der Jugend zu suchen; wo fehlt es da? Da fehlt es allerdings an manchen Stellen. Der Hauptgrund ist, daß seit dem Jahre 1870 die Philologen als beati possidentes im Gymnasium gesessen haben und hauptsächlich auf den Lernstoff, auf das Lernen und Wissen den Nachdruck gelegt haben, aber nicht auf die Bildung des Charakters und die Bedürfnisse des jetzigen Lebens. Sie, Herr Geheimrat Hinzpeter, werden verzeihen, Sie sind ein begeisterter Philologe, aber nichtsdestoweniger, die Sache ist Meiner Ansicht nach bis zu einer Höhe gekommen, daß es schließlich nicht mehr weiter geht. Es ist weniger Nachdruck auf das Können wie auf das Kennen gelegt worden; das zeigt sich auch bei den Anforderungen, die in den Examen gestellt werden. Es wird von dem Grundsatz ausgegangen, daß der Schüler vor allen Dingen so viel wie möglich wissen müsse; ob das für das Leben paßt oder nicht, das ist Nebensache. Wenn man sich mit einem der betreffenden Herren darüber unterhält und ihm klar zu machen versucht, daß der junge Mensch doch einigermaßen praktisch für das Leben und seine Fragen vorgebildet werden solle, dann wird immer gesagt, das sei nicht Aufgabe der Schule, Hauptsache sei die Gymnastik des Geistes, und wenn diese Gymnastik des Geistes ordentlich getrieben würde, so wäre der junge Mann imstande, mit dieser Gymnastik alles für das Leben Notwendige zu leisten. Ich glaube, daß nach diesem Standpunkte nicht mehr verfahren werden kann.

Wenn Ich nun zurückgreife auf die Schulen und speciell auf das Gymnasium selber, so weiß Ich sehr wohl, daß in vielen Kreisen man Mich für einen fanatischen Gegner des Gymnasiums hält und Mich auch zu Gunsten anderer Schulformen ausgespielt hat. Meine Herren, das ist nicht der Fall. Wer selber auf dem Gymnasium gewesen ist und hinter die Coulissen gesehen hat, der weiß, wo es da fehlt. Und da fehlt es vor allem an der nationalen Basis. Wir müssen als Grundlage für das Gymnasium das Deutsche nehmen; wir sollen nationale junge Deutsche erziehen, und nicht junge Griechen und Römer. Wir müssen von der Basis abgehen, die jahrhundertelang bestanden hat, von der alten klösterlichen Erziehung des Mittelalters, wo das Lateinische maßgebend war und ein bißchen Griechisch dazu. Das ist nicht mehr maßgebend, wir müssen das Deutsche zur Basis machen. Der deutsche Aufsatz muß der Mittelpunkt sein, um den sich alles dreht. Wenn einer im Abiturientenexamen einen tadellosen deutschen Aufsatz liefert, so kann man daraus das Maß der Geistesbildung des jungen Mannes erkennen und beurteilen, ob er etwas taugt oder nicht. — Nun wird selbstverständlich vieles eingewendet und gesagt, der lateinische Aufsatz ist auch etwas sehr Wichtiges, der lateinische Aufsatz ist sehr gut, um den Menschen in einer fremden Sprache zu bilden, und was weiß Ich mehr. Ja, Meine Herren, Ich habe das nun einmal selber mitgemacht. Wie entsteht denn ein solcher lateinischer Aufsatz? Ich habe es sehr oft erlebt, daß ein junger Mensch im deutschen Aufsatz — ich will einmal sagen, $4^1/_4+$, im ganzen befriedigend, und im lateinischen Aufsatz eine 2 hat. Der Mensch verdiente Strafe statt Lob, denn daß er den lateinischen Aufsatz nicht auf dem rechten Wege zustande gebracht hat, das ist klar. Und von allen den lateinischen Aufsätzen, die wir geschrieben haben, ist noch nicht einer unter zwölf, der nicht mit solchen Hilfsmitteln zustande gekommen ist. Solche Aufsätze wurden als gut bezeichnet. Das war der lateinische Aufsatz. Aber wenn wir auf dem Gymnasium einen Aufsatz über

„Minna von Barnhelm“ schreiben sollten, bekamen wir kaum befriedigend. Deswegen sage Ich, weg mit dem lateinischen Aufsatz, er stört uns, und wir verlieren unsere Zeit für das Deutsche darüber.

Ebenso möchte Ich das Nationale bei uns weiter gefördert sehen in Fragen der Geschichte, Geographie und der Sage. Fangen wir erst einmal bei uns zu Hause an. Erst wenn wir in den verschiedenen Kammern und Stuben Bescheid wissen, dann können wir ins Museum gehen und uns auch dort umsehen. Aber vor allen Dingen müssen wir in der vaterländischen Geschichte Bescheid wissen. Der Große Kurfürst war zu Meiner Schulzeit nur eine nebelhafte Erscheinung; der Siebenjährige Krieg lag bereits außerhalb aller Betrachtung, und die Geschichte schloß mit dem Ende des vorigen Jahrhunderts, mit der französischen Revolution. Die Freiheitskriege, die das Wichtigste sind für den jungen Staatsbürger, wurden nicht durchgenommen, und nur durch ergänzende, sehr interessante Vorträge des Herrn Geheimen Rats Hinzpeter bin Ich, Gott sei Dank, in der Lage gewesen, diese Dinge zu erfahren. Das ist aber gerade das punctum saliens. Warum werden denn unsere jungen Leute verführt? Warum tauchen so viele unklare, konfuse Weltverbesserer auf? Warum wird immer an unserer Regierung herumgenörgelt und auf das Ausland verwiesen? Weil die jungen Leute nicht wissen, wie unsere Zustände sich entwickelt haben, und daß die Wurzeln in dem Zeitalter der französischen Revolution liegen. Und darum bin Ich gerade der festen Überzeugung, daß, wenn wir diesen Übergang aus der französischen Revolution in das 19. Jahrhundert in einfacher, objektiver Weise in den Grundzügen den jungen Leuten klar machen, so bekommen sie ein ganz anderes Verständnis für die heutigen Fragen, wie sie es bisher hatten. Sie sind dann imstande, auf der Universität durch die ergänzenden Vorlesungen, die sie dann hören, ihr Wissen weiter zu verbessern und zu vergrößern.

Komme Ich nun auf die Beschäftigung unserer jungen Leute, so ist absolut notwendig, daß wir mit der Anzahl der Stunden heruntergehen. Herr Geheime Rat Hinzpeter wird sich erinnern, daß zur Zeit, wie Ich auf dem Gymnasium in Kassel war, der erste Notschrei der Eltern und Familien laut wurde, daß es nicht so weiter gehen könne. Es wurden infolgedessen Erhebungen von der Regierung angestellt: wir waren verpflichtet, alle Morgen unserem Direktor Zettel abzugeben mit der Stundenzahl der häuslichen Stunden, die wir nötig gehabt hatten, um das für den nächsten Tag aufgegebene Pensum zu bewältigen. Es sind bloß die Zahlen aus der Prima speciell, die Ich jetzt hier berühre. Nun, Meine Herren, es kamen bei ganz ehrlichen Angaben — bei Mir konnte sie noch Herr Geheimer Rat Hinzpeter kontrollieren — für jeden einzelnen $5^1/_2$, $6^1/_2$ bis 7 Stunden auf die häuslichen Arbeiten heraus. Das waren die Abiturienten. Rechnen Sie noch dazu die 6 Stunden Schule, 2 Stunden Essen, dann können Sie ausrechnen, was von dem Tag übrig geblieben ist. Wenn Ich nicht Gelegenheit gehabt hätte, hinaus- und hineinzureiten und noch sonst etwas Mich in der Freiheit zu bewegen, dann hätte Ich überhaupt nicht gewußt, wie es in der Welt aussieht. Das sind doch immerhin Leistungen, die man jungen Leuten auf die Dauer nicht aufbürden kann. Nach Meinem Erachten muß auch nach unten entschieden nachgeholfen und nachgelassen werden. Meine Herren, es geht nicht, man darf diesen Bogen nicht weiter spannen und nicht so gespannt lassen. Wir müssen hier herunter, wir haben hier die äußerste Grenze bereits überschritten. Die Schulen — Ich will einmal von den Gymnasien sprechen — haben das Übermenschliche geleistet und haben Meiner Ansicht nach eine allzustarke Überproduktion der Gebildeten zuwege gebracht, mehr wie die Nation vertragen kann, und mehr, wie die Leute selbst vertragen können. Da ist das Wort, das vom Fürsten Bismarck herrührt, richtig, das Wort von dem Abiturientenproletariat, welches wir haben. Die sämtlichen sogen. Hungerkandidaten, namentlich die Herren Journalisten, das sind vielfach verkommene Gymnasiasten, das ist eine Gefahr für uns. Dieses Übermaß, das jetzt schon zu viel ist, gleichsam ein Rieselfeld, das nicht mehr aufnehmen kann, muß beseitigt werden. Ich werde daher kein Gymnasium mehr genehmigen, das nicht absolut seine Existenzberechtigung und Notwendigkeit nachweisen kann. Wir haben schon genug.

Nun aber handelt es sich darum: wie kann man den Wünschen in Bezug auf klassische Bildung und in Bezug auf Realbildung und in Bezug auf die Berechtigung zum Einjährigfreiwilligendienst am besten beikommen? Ich halte dafür, daß die Sache ganz einfach dadurch zu erledigen ist, daß man mit einem radikalen Schritt die bisherigen Anschauungen zur Klärung bringt, daß man sagt: klassische Gymnasien mit klassischer Bildung, eine zweite Gattung Schulen mit Realbildung, aber keine Realgymnasien. Die Realgymnasien sind eine Halbheit, man erreicht mit ihnen nur Halbheit der Bildung, und das Ganze giebt Halbheit für das Leben nachher.

Sehr berechtigt ist die Klage der Gymnasialdirektoren über den ungeheuren Ballast von Schülern, den sie mitzuschleppen haben, der nie zum Examen kommt und bloß die Berechtigung für den einjährigen Heeresdienst erlangen will. Nun wohl, der Sache ist einfach dadurch abzuhelfen, daß wir ein Examen einschieben, da, wo der Einjährige abgehen will, und außerdem seine Berechtigung davon abhängig machen, daß er, wenn er die Realschule besucht, das Abgangszeugnis für die Realschule nachweist. Dann werden wir es bald erleben, daß der ganze Zug dieser Kandidaten für den einjährigen Heeresdienst von den Gymnasien auf die Realschulen geht; denn, wenn sie die Realschule durchgemacht haben, dann haben sie, was sie suchen.

Ich verbinde damit noch einen zweiten Punkt, den Ich vorhin schon erwähnte, das ist dieser: die Verminderung des Lehrstoffes ist nur möglich durch einfächere Gestaltung der Examina. Nehmen wir die grammatikalischen Produktionen ganz aus dem Abiturientenexamen heraus und legen sie ein oder zwei Klassen tiefer, lassen Sie da ein Examen machen, ein technisch-grammatikalisches Examen, dann können Sie die jungen Leute prüfen, so scharf wie Sie wollen, dann können Sie an dieses Examen die Freiwilligenprüfung knüpfen, und außerdem für denjenigen, der Offizier werden will, das Fähnrichexamen damit verbinden, so daß er nachher dasselbe nicht mehr zu machen braucht. Sobald wir die Examina in dieser Beziehung modifizieren und die Gymnasien in dieser Weise erleichtert haben, dann wird das Moment wieder zur Geltung kommen, das in der Schule und speciell in den Gymnasien verloren gegangen ist: die Erziehung, die Charakterbildung. Das können wir jetzt beim besten Willen nicht, wo 30 Knaben in der Klasse sind und ein solches Pensum zu bewältigen haben, und außerdem oft junge Leute den Unterricht erteilen, deren Charakter noch häufig selber ausgebildet werden muß. Hier möchte Ich das Schlagwort, das Ich von dem Geheimen Rat Hinzpeter gehört habe, anführen: Wer erziehen will, muß selbst erzogen sein. Das kann man von dem Lehrerpersonal jetzt nicht durchweg behaupten. Um die Erziehung zu ermöglichen, müssen die Klassen in Bezug auf die Schülerzahl erleichtert werden. Das wird auf dem Wege, den Ich eben beschrieben habe, geschehen. Dann muß davon abgegangen werden, daß der Lehrer nur dazu da ist, täglich Stunden zu geben und daß, wenn er sein Pensum absolviert hat, seine Arbeit beendigt ist. Wenn die Schule die Jugend so lange dem Elternhause entzieht, wie es geschieht, dann muß sie auch die Erziehung und die Verantwortung für diese übernehmen. Erziehen Sie die Jugend, dann haben wir auch andere Abiturienten. Ferner muß von dem Grundsatz abgegangen werden, daß es nur auf das Wissen ankommt, und nicht auf das Leben; die jungen Leute müssen für das jetzige praktische Leben vorgebildet werden.

Ich habe Mir einige Zahlen aufgeschrieben, die statistisch interessant sind. Es giebt in Preußen Gymnasien und Progymnasien 308 mit 80 979 Schülern, Realgymnasien und Real-Progymnasien 172 mit 34 465 Schülern, lateinlose Ober-Realschulen und höhere Bürgerschulen 60 mit 19 893 Schülern. Es erwarben die einjährig-freiwillige Berechtigung auf den Gymnasien 68 Prozent, auf den Realgymnasien 75 Prozent und auf den lateinlosen Realanstalten 38 Prozent. Das Reifezeugnis bei dem Abiturientenexamen erwarben auf den Gymnasien 31 Prozent, auf den Realgymnasien 12 Prozent, auf den Ober-Realschulen 2 Prozent. Jeder Schüler der genannten Anstalten hat etwa 25 000 Schul- und Hausarbeitsstunden und ungefähr nur 657 Stunden darunter Turnstunden. Das ist ein Übermaß der geistigen Arbeit, das entschieden herabgedrückt werden muß! Für den Zwölf-, Dreizehn-, Vierzehnjährigen in Quarta und Tertia beträgt einschließlich des Turnens und Singens die wöchentliche Stundenzahl durchschnittlich 32, steigt in einzelnen Anstalten auf 35 und in der Tertia des Realgymnasiums sage und schreibe 37 Stunden. Nun, meine Herren, wir sind alle mehr oder minder gereift und arbeiten, was wir können, aber auf die Dauer würden wir eine solche Arbeit auch nicht aushalten. Die statistischen Angaben über die Verbreitung der Schulkrankheiten, namentlich der Kurzsichtigkeit der Schüler sind wahrhaft erschreckend, und für eine Anzahl von Krankheitserscheinungen fehlt es an einer allgemeinen Statistik noch. Bedenken Sie, was uns für ein Nachwuchs für die Landesverteidigung erwächst. Ich suche nach Soldaten, wir wollen eine kräftige Generation haben, die auch als geistige Führer und Beamte dem Vaterlande dienen. Diese Masse der Kurzsichtigen ist meist nicht zu brauchen, denn ein Mann, der seine Augen nicht brauchen kann, wie will der nachher viel leisten? In Prima steigert sich in einzelnen Fällen die Zahl der Kurzsichtigen bis auf 74 Prozent. Ich kann aus eigener Erfahrung sagen, daß wir, trotzdem wir in Kassel ein sehr gutes Zimmer hatten, das Lehrerkonferenzzimmer, mit einseitigem schönen Licht und guter Ventilation, die auf Wunsch Meiner Mutter angebracht wurde, doch unter 21 Schülern 18 mit Brillen hatten und 2 darunter, die mit der Brille nicht bis an die Tafel sehen konnten. Diese Sachen verurteilen sich von selber, da muß eingeschritten werden, und deshalb halte Ich es für sehr dringend, daß die Frage der Hygieine schon in den Vorbereitungsanstalten für die Lehrer aufgenommen werde, die Lehrer einen Kursus darin erhalten und die Bedingung daran geknüpft wird, jeder Lehrer, der gesund ist, muß turnen können, und jeden Tag soll er turnen.

Meine Herren, das sind im allgemeinen die Gesichtspunkte, die Ich Ihnen zu entwickeln habe, Dinge, die Mein Herz bewegt haben, und Ich kann nur versichern: die massenhaften Zuschriften, Bitten und Wünsche, die Ich von den Eltern bekommen habe, obwohl wir Väter von Meinem verehrten Herrn Hinzpeter im vorigen Jahre für eine Partei erklärt wurden, die bei der Erziehung der Kinder nicht mitzureden hätte, legen Mir, als allgemeinem Landesvater, die Pflicht auf, zu erklären: es geht nicht so weiter. Meine Herren, die Männer sollen nicht durch Brillen die Welt ansehen, sondern mit eigenen Augen und Gefallen finden an dem, was sie vor sich haben, ihrem Vaterlande und seinen Einrichtungen. Dazu sollen Sie jetzt helfen!

Ihre Schulreform. — Der Kaiser als Pädagog.

Karikatur von J. Blaß.
(Le Triboulet, 25. Dezember 1890.)

Schluß der Schulkonferenz.

17. Dezember 1890

fand die Schlußsitzung der Schulreformkonferenz statt; der König nahm auch daran teil und hielt folgende Schlußrede:

Wenn Ich schon beim Zusammentritt der Konferenz keinen Augenblick im Zweifel war über ihren Verlauf und über ihren Erfolg, so spreche Ich doch heute am Ende Ihres Wirkens Ihnen Meine vollste Zufriedenheit und Meine vollste Anerkennung aus dafür, daß Sie in redlichem Arbeiten und in offenem Meinungs- und Gedankenaustausch dahin gekommen sind, wohin Ich Ihnen den Weg gezeigt habe, und daß Sie sich das zu eigen gemacht und die Gedanken verfolgt haben, die Ich Ihnen angedeutet habe. Sei es Mir nun gestattet, ehe wir schließen, noch ein paar Punkte zu berühren, die für Sie von Interesse sein könnten.

Wie Ich höre, ist es Ihnen damals bei der Eröffnung aufgefallen, daß Meinerseits die Religion nicht erwähnt worden ist. Meine Herren! Ich war der Ansicht, daß Meine Ideen und Gedanken über Religion, d. h. über das Verhältnis eines jeden Menschen zu Gott, welche sie sind und wie heilig und hoch sie Mir sind, so sonnenklar vor aller Blicken daliegen, daß jedermann im Volke sie kannte. Ich werde selbstverständlich als preußischer König wie als summus episcopus Meiner Kirche es Meine heiligste Pflicht sein lassen, dafür zu sorgen, daß das religiöse Gefühl und der Funke christlichen Geistes in der Schule gepflegt und gemehrt werde. Möge die Schule die Kirche achten und ehren, und möge die Kirche ihrerseits der Schule beistehen und ihr bei ihren Aufgaben weiter wirken helfen; dann werden wir zusammen imstande sein, die Jugend zu den Anforderungen unseres modernen Staatslebens heranzubilden. Ich denke hiermit diesen Punkt vollkommen erledigt zu haben.

Ich kann zu allem, was Sie beschlossen haben, Meine volle Beistimmung aussprechen. Ich möchte nur eins bemerken. Etwas, was noch nicht ganz klar ist, das ist die Frage der Reifeprüfung, und Ich erwarte darüber späterhin noch eine Äußerung über die Ansichten und Vorschläge des Herrn Ministers.

Meine Herren! Wir befinden uns in einem Zeitpunkt des Durchgangs und Vorwärtsschreitens in ein neues Jahrhundert, und es ist von jeher das Vorrecht Meines Hauses gewesen, Ich meine von jeher haben Meine Vorfahren bewiesen, daß sie, den Puls der Zeit fühlend, vorauserspähten, was da kommen würde. Dann sind sie an der Spitze der Bewegung geblieben, die sie zu leiten und zu neuen Zielen zu führen entschlossen waren. Ich glaube erkannt zu haben, wohin der neue Geist und wohin das zu Ende gehende Jahrhundert zielen, und Ich bin entschlossen, sowie Ich es bei dem Anfassen der socialen Reformen gewesen bin, so auch hier in Bezug auf die Heranbildung unseres jungen Geschlechtes die neuen Bahnen zu beschreiten, die wir unbedingt beschreiten müssen; denn thäten wir es nicht, so würden wir in zwanzig Jahren dazu gezwungen werden. Deshalb wird es Ihnen allen ein besonderes Gefühl der Genugthuung und ein Gefühl der Freude sein, daß Sie diejenigen gewesen sind, die ausgesucht waren, die ersten grundlegenden Prinzipien zu unseren neuen Bahnen festzustellen, mit Mir zu arbeiten und mit Mir die neuen Wege zu erschließen, die wir unsere Jugend dereinst führen wollen; und Ich bin fest überzeugt, daß der Segen und die Segenswünsche von Tausenden von Müttern auf das Haupt jedes einzelnen von Ihnen, die hier gesessen haben, herabgerufen werden. Ich nehme davon Keinen aus, weder diejenigen, die für Meine Gedanken gearbeitet haben, noch auch die, welche mit schwerem Ringen und unter Aufgabe dessen, was sie bisher zu verfolgen berechtigt sich glaubten, Opfer gebracht haben — allen diesen danke Ich. Mögen die Opfer, die Sie bringen, Ihnen späterhin das Gefühl geben, daß auch Sie bei dieser Arbeit Wesentliches mitgeleistet haben.

Meine Herren! Ich möchte, obwohl Ich sonst nicht gerne ablese, Ihnen doch einen Artikel mitteilen, den Ich für so bemerkenswert, für so schön geschrieben halte, der so in jeder Weise das wiedergiebt, was Meine Gedanken waren, als Ich zu Ihnen vor ungefähr vierzehn Tagen sprach, daß Ich die Hauptsätze, die hier drin verzeichnet sind, Ihnen vorlesen möchte. Er entstammt dem „Hannoverschen Courier" vom 14. d. Mts. Unter der Überschrift „Mißverständnisse" findet sich dort folgende Reihe von Sätzen:

„Wem der gewaltige Gegensatz zwischen einst und jetzt voll zum Bewußtsein kommt, der wird zugleich von der Überzeugung durchdrungen, daß das neue Staatswesen wert ist, erhalten zu werden, und daß es eine der ganzen Kraft des Mannes würdige Aufgabe ist, an der Erhaltung und ruhigen Weiterentwicklung dieses Staatswesens mitzuarbeiten. Daß dem Lehrer in der Darstellung jener Verhältnisse einer unerfreulichen Vergangenheit die größte Freiheit verstattet werden muß, ist selbstverständlich; ebenso selbstverständlich aber ist es, daß nur derjenige zum Lehrer unserer Jugend berufen ist, der treu und aus voller Überzeugung auf dem Boden der Monarchie und der Verfassung steht. Ein Anhänger radikaler Utopien ist als Lehrer der Jugend ebenso wenig zu brauchen wie in den Geschäftsstuben der Staatsverwaltung. Der Lehrer ist nach seinen Rechten und nach seinen Pflichten in erster Linie Beamter des Staats, und zwar des bestehenden Staates. In einer lebhaften Bethätigung dieser seiner Stellung und seiner Aufgabe würde der Lehrer zum großen Teil wenigstens auch schon das geleistet haben, was von ihm verlangt wird, um die Jugend tüchtig zu machen zum Widerstand gegen alle umstürzlerischen Bestrebungen. Was weiter dazu gehört, eine rege Pflege der Charakterbildung, des selbständigen Denkens und Urteilens, soll heute unerörtert bleiben, ebenso, inwieweit unsere Lehrerschaft der hier skizzierten Aufgabe schon jetzt nachkommt. Davon ein andermal. Aber daran kann doch im Ernst niemand denken, daß die Lehren der Socialdemokratie in der Schule im einzelnen erörtert und etwa durch autoritäre Äußerungen oder in freier Diskussion widerlegt werden sollen. Wer zu einem klaren Verständnis von dem Wesen des Staates, von dem Werden und den Fortschritten unseres Staates durchgedrungen ist, der wird imstande sein, das Ungereimte, das Verwerfliche und Gefährliche der socialdemokratischen Theorie und Praxis zu durchschauen, der wird es als seine Pflicht erkennen, mannhaft seinen Platz in den Reihen derer zu behaupten, welche unsern Staat gegen feindliche Angriffe, wie von außen, so im Innern, verteidigen. Der Staatsverwaltung höchste Aufgabe bleibt es, durch verständnisvolles Entgegenkommen auf dem Gebiet der öffentlichen Wohlfahrt und Freiheit sich die Sympathien aller gemäßigten und einsichtsvollen Elemente dauernd zu erhalten.

„Ein anderer Klageruf, dem ebenfalls mißverständliche Auffassungen zu Grunde liegen, geht dahin, daß unserer gesamten klassischen Bildung die Vernichtung drohe. Wir meinen, es sind nicht echte Freunde jener Bildung, welche diese Befürchtung laut werden lassen; zum mindesten kann ihnen der Vorwurf nicht erspart werden, daß sie von dem, was unter ‚klassischer Bildung' zu verstehen ist, nur einen recht oberflächlichen Begriff haben."

Meine Herren! Der Mann, der das geschrieben, hat Mich verstanden, und Ich bin ihm dankbar, daß er in weiteren Kreisen des Volkes diese Ansicht zu verbreiten gesucht hat.

Lassen Sie Mich noch ein Wort sprechen von unseren militärischen Bildungsanstalten, den Kadettenhäusern. Sie sind hier angeführt worden, um auf sie zu exemplifizieren, und es sind Wünsche laut geworden, ihre Einrichtungen auf die anderen höheren Schulen zu übertragen.

Meine Herren! Das Kadettencorps ist etwas ganz Eigenartiges, es hat einen besonderen Zweck, es existiert für sich, steht direkt unter Mir und berührt uns hier gar nicht.

Wenn Ich kurz resümiere, so möchte Ich noch, bevor Ich schließe, auf einen anderen Grundsatz Meines Hauses eingehen, der heute von einem hervorragenden Mitgliede citiert ist: Suum cuique, das heißt: Jedem das Seine, und nicht: Allen dasselbe. Und das verfolgen wir auch gerade hier in dieser Versammlung und mit dem, was Sie heute beschlossen haben. Bisher hat der Weg, wenn Ich so sagen soll, von den Thermopylen über Cannae nach Roßbach und Vionville geführt; Ich führe die Jugend von Sedan und Gravelotte über Leuthen und Roßbach zurück nach Mantinea und nach den Thermopylen. Ich glaube, das ist der richtige

Weg, und den müssen wir mit unserer Jugend wandeln.

Und nun, Meine Herren, Meinen herzlichsten Dank und Meine vollste Anerkennung für alles, was Sie bisher gethan haben. Ich habe Meine Gedanken und Meine Befehle für die spätere Entwicklung dieser uns allen am Herzen liegenden Angelegenheit in einer Kabinettsorder niedergelegt, von der Ich bitten möchte, daß die Herren sie jetzt anhören.

Rede anläßlich einer Fahnennagelung.

18. April 1891

hatte im Königlichen Schlosse in Berlin eine Fahnennagelung stattgefunden. Später wurde in Gegenwart des Kaiserpaares der Grundstein fü dier Lutherkirche gelegt. Im Anschluß daran fand ein Festmahl statt, bei dem der Kaiser die Tischrede hielt:

„Pro gloria et patria." Das ist die Überschrift für den heutigen Tag. Es ist ein Tag des Rückblicks und des patriotischen Gedenkens, des Mutes und der Zuversicht, welche Preußen und sein Heer niemals verlassen haben.

Wenn Ich heute für unser ganzes Land spreche, so thue ich dies in der Erinnerung, daß vor dreihundertundvierzig Jahren an einem 18. April jener tapfere Wittenberger Mönch sein großes Wort sprach: „Hier stehe ich, ich kann nicht anders, Gott helfe mir." Der erste, welcher dem unerschrockenen Mönch Interesse entgegenbrachte, war ein Kriegsmann, Georg Frundsberg, der Luther zurief: „Mönchlein, Mönchlein, du thust einen schweren Gang!" Und Gott hat ihm diesen Gang gesegnet zum Heile unseres Volkes und besonders unserer Heimat.

Manch ähnlichen Gang hat unser Volk und Unser Haus und mit ihm die preußische Armee gethan. Der 18. April ist stets ein Tag des Gedenkens für uns gewesen. Am 18. April 1417 wurde Burggraf Friedrich I. mit der Mark Brandenburg belehnt. Am 18. April 1864 führte Prinz Friedrich Karl die preußische und österreichische Armee nach langer Friedenszeit bei Düppel gegen einen tapfern Feind und gab den Truppen Gelegenheit, dem braven Gegner seine Verschanzungen zu entreißen. In Erinnerung an die Bedeutung dieses Gedenktages habe Ich den Regimentern neue Fahnen und Standarten verliehen. Der Soldat und die Armee, nicht Parlamentsmajoritäten und -beschlüsse haben das Deutsche Reich zusammengeschmiedet. Mein Vertrauen beruht auf der Armee. Ernste Zeiten sind es, in denen wir leben, und schlimme stehen uns vielleicht in den nächsten Jahren bevor. Aber dem gegenüber erinnere Ich Mich an das Wort Meines hochseligen Großvaters vor den Offizieren in Koblenz: „Dies sind die Herren, auf die Ich Mich verlassen kann." Das ist auch Mein Glauben und Vertrauen. Was auch immer kommen möge, wir wollen unsere Fahnen und Traditionen hochhalten, eingedenk der Worte und Thaten Albrecht Achilles', welcher gesagt hat: „Ich kenne keinen reputierlicheren Ort, zu sterben, als in der Mitte meiner Feinde." Dies ist auch Meine Herzensmeinung, darauf beruht Meine unerschütterliche Zuversicht, auf der Treue, dem Mute und der Hingebung Meiner Armee, in erster Linie aller Kameraden, welche an den Grenzen stehen.

In diesem Sinne bringe Ich Meiner Armee und den heute von Mir beliehenen Regimentern ein dreimaliges Hurra!

Der Kaiser ist häufig nicht nur empfindlich bei abweichenden Ansichten, sondern er weiß instinktmäßig den Leuten auszuweichen und zu entgehen, die ihm öfters mit unbequemen Auffassungen kommen, und erzieht die Menschen gewissermaßen künstlich dazu, ihm nur das zu sagen, was ihm angenehm ist und was er wünscht.

(Zedlitz-Trützschler, S. 145.)

Bei der Kritik nach beendetem Gefecht sagte der Kaiser: „Ein *Säbel führt*, was dahinter ist, ob Husaren, Dragoner, Ulanen oder Kürassiere, ist einerlei. Immer Lanzen nach vorne! Immer durch!"

(Schröder, S. 12)

Rekrutenvereidigung in Potsdam.

23. November 1891

wohnte der Kaiser der Vereidigung der Rekruten der Potsdamer Garderegimenter bei und richtete nach der kirchlichen Feier und der Eidesleistung seiner Gewohnheit gemäß eine ernste Ansprache an die jungen Leute. Diese hatte folgenden Wortlaut:

Rekruten Meiner Garderegimenter!

Ihr seid hier aus allen Teilen Meines Reiches zusammengezogen um eurer Militärpflicht zu genügen, und habt eben an heiliger Stätte euerm Kaiser Treue geschworen bis zum letzten Atemzuge. Ihr seid noch zu jung, um das alles zu verstehen, ihr werdet aber nach und nach damit bekannt gemacht werden. Stellt euch dies alles nicht zu schwer vor und vertraut auf Gott, betet auch manchmal ein Vaterunser, das hat schon manchem Krieger wieder frischen Mut gemacht.

Kinder Meiner Garde, mit dem heutigen Tage seid ihr Meiner Armee einverleibt worden, steht jetzt unter Meinem Befehle und habt das Vorrecht, Meinen Rock tragen zu dürfen. Tragt ihn in Ehren. Denket an unsere ruhmreiche vaterländische Geschichte; denket daran, daß die deutsche Armee gerüstet sein muß gegen den innern Feind sowohl als gegen den äußeren. Mehr denn je hebt der Unglaube und Mißmut sein Haupt im Vaterlande empor, und es kann vorkommen, daß ihr eure eignen Verwandten und Brüder niederschießen oder -stechen müßt. Dann besiegelt die Treue mit Aufopferung eures Herzblutes. Und nun geht nach Hause und erfüllet eure Pflichten.

Unleugbar ist das Urteil eines anderen Ausländers, der weit und breit bekannt und häufig mit dem Monarchen zusammengekommen ist, nämlich: „Der Charakter Wilhelms II. gleicht einem Würfelbecher, der sich für Sophokles und Knute zugleich begeistert!"

(Rich. Ball, Bilanz über 25 Jahre Regierungszeit Wilhelms II., Leipzig 1918, S. 13.)

Festmahl des Brandenburgischen Provinziallandtages.

24. Februar 1892.

Der Kaiser nahm an dem üblichen Festmahle des Brandenburgischen Provinziallandtages teil. Auf die Ansprache des Geheimrats von Bornstedt erwiderte er:

Meine Herren!

Sie haben in althergebrachter Weise, zu Ihrer Arbeit zusammengekommen, als gute Brandenburger Ihres Markgrafen nicht vergessen. Dafür sei Ihnen Mein herzlichster Dank gesagt. Mir bereitet es stets besondere Freude, wenn Ich mit Märkern zusammen sein kann. Um so mehr ist dies der Fall, wenn das gesamte Land Brandenburg, in so würdiger Weise vertreten, sich hier zusammenfindet.

Die Worte, die soeben gesprochen worden sind und welche Ihre treuen Gesinnungen Mir von neuem offenbaren, haben Mir sehr wohl gethan. Es ist Mir in Meiner schweren Arbeit doppelt angenehm und auch zu gleicher Zeit anregend, wenn in so warmer Weise Meine Bestrebungen für das Wohl Meines Volkes dankbare Anerkennung finden. Es ist ja leider jetzt Sitte geworden, an allem, was seitens der Regierung geschieht, herumzumäkeln. Unter den nichtigsten Gründen wird den Leuten ihre Ruhe gestört und ihre Freude am Dasein und am Leben und Gedeihen unseres gesamten großen deutschen Vaterlandes vergällt. Aus diesem Nörgeln und dieser Verhetzung entsteht schließlich der Gedanke bei manchen Leuten, als sei unser Land das unglücklichste und schlechtest regierte in der Welt, und sei es eine Qual, in demselben zu leben. Daß dem nicht so ist, wissen wir alle selbstverständlich besser. Doch wäre es dann nicht besser, daß die mißvergnügten Nörgler lieber den deutschen Staub von ihren Pantoffeln schüttelten und sich unsern elenden und jammervollen Zuständen auf das schleunigste entzögen? Ihnen wäre ja dann geholfen, und uns thäten sie einen großen Gefallen damit.

Wir leben in einem Übergangszustande! Deutschland wächst allmählich aus den Kinderschuhen heraus, um in das Jünglingsalter einzutreten. Da wäre es wohl an der Zeit,

Der Kaiser: Weshalb dieser Tumult unten auf der Straße?
Zahlreiche Stimmen: O, nichts weiter, wir befolgen nur Ihre Ratschläge und schütteln den Staub von unseren Pantoffeln; aber das Land verlassen und die Grenze überschreiten — das wird noch eine Weile dauern.

(Nebelspalter, Zürich, 5. März 1892.)

daß wir uns von unsern Kinderkrankheiten freimachten. Wir gehen durch bewegte und anregende Tage hindurch, in denen das Urteil der großen Menge der Menschen der Objektivität leider zu sehr entbehrt. Ihnen werden ruhigere Tage folgen, insofern unser Volk sich ernstlich zusammennimmt, in sich geht und unbeirrt von fremden Stimmen auf Gott baut und die ehrliche fürsorgliche Arbeit seines angestammten Herrschers.

Ich möchte dieses Übergangsstadium mit einer kleinen Geschichte vergleichend beleuchten, welche Ich einmal gehört habe. Der berühmte englische Admiral Sir Francis Drake war in Centralamerika gelandet nach schwerer, stürmisch bewegter Reise; er suchte und forschte nach dem andern großen Ocean, von dem er überzeugt war, daß er vorhanden sei, den die meisten seiner Begleiter jedoch als nicht existierend annahmen. Der Häuptling eines Stammes, dem das eindringliche Fragen und Forschen des Admirals aufgefallen, von der Macht seines Wesens eingenommen, sagte ihm: „Du suchst das große Wasser; folge mir, ich werde es dir zeigen," und nun stiegen die beiden trotz warnenden Zurufs der übrigen Begleiter einen gewaltigen Berg hinan. Nach furchtbaren Beschwerden an der Spitze angelangt, wies der Häuptling auf die Wasserfläche hinter ihnen, und Drake sah die wildbewegten Wogen des zuletzt von ihm durchschifften Meeres vor sich. Darauf drehte sich der Häuptling um, führte den Admiral um einen kleinen Felsvorsprung herum, und plötzlich that sich vor seinem entzückten Blicke der vom Gold der aufgehenden Sonne bestrahlte Wasserspiegel des in majestätischer Ruhe sich ausbreitenden Stillen Oceans auf.

So sei es auch mit uns! Das feste Bewußtsein Ihrer Meine Arbeit treu begleitenden Sympathie flößt Mir stets neue Kraft ein, bei der Arbeit zu beharren und auf dem Wege vorwärts zu schreiten, der Mir vom Himmel gewiesen ist.

Dazu kommt das Gefühl der Verantwortung unserm obersten Herrn dort oben gegenüber und Meine felsenfeste Überzeugung, daß unser Alliierter von Roßbach und Dennewitz Mich dabei nicht im Stich lassen wird. Er hat sich solche unendliche Mühe mit unserer alten Mark und Unserem Hause gegeben, daß wir nicht annehmen können, daß er dies für nichts gethan hat. Nein im Gegenteil, Brandenburger, zu Großem sind wir noch bestimmt, und herrlichen Tagen führe Ich euch noch entgegen. Lassen Sie sich nur durch keine Nörgeleien und durch mißvergnügliches Parteigerede Ihren Blick in die Zukunft verdunkeln oder Ihre Freude an der Mitarbeit verkürzen. Mit Schlagwörtern allein ist es nicht gethan, und den ewigen mißvergnüglichen Anspielungen über den neuen Kurs und seine Männer erwidere Ich ruhig und bestimmt: „Mein Kurs ist der richtige und er wird weiter gesteuert" — daß Meine brave märkische Mannschaft Mir dabei helfe, das hoffe Ich bestimmt. Daher trinke Ich auf das Wohl Brandenburgs und seiner Männer Mein Glas.

Ansprache an die für Südwestafrika bestimmte Schutztruppe.

15. Juni 1894

besichtigt der Kaiser in Potsdam die Schutztruppe, die nach Deutsch-Südwestafrika gehen soll, und richtet folgende Worte an sie:

Die Schutztruppe möge nicht vergessen, daß sie dem Deutschen Reiche angehört. Ich wünsche Ihnen Glück im fernen Lande, wo Sie den Deutschen Ehre machen sollen. Haben Sie stets vor Augen, daß die Leute, die Sie dort treffen, wenn sie auch eine andere Hautfarbe haben, gleichfalls ein Herz besitzen, das ebenfalls Ehrgefühl aufweist. Behandeln Sie diese Leute mit Milde.

Festmahl für die Vertreter der Provinz Ostpreußen.

6. September 1894

nimmt auch der König Wilhelm von Württemberg an dem Manöver teil. Ihm gilt heute des Kaisers erster Trinkspruch:

Nach alter deutscher Sitte gilt Unser erstes Glas als Willkommenstrunk Unserm königlichen Gaste! Seine Majestät der König von Württemberg er lebe hoch! hoch!! hoch!!!

Daran reiht sich folgende mit dem Hoch auf die Provinz Ostpreußen schließende Rede des Kaisers:

Ich begrüße Sie, Meine Herren, in diesem altehrwürdigen Schlosse als die Vertreter dieser Mir so teuern Provinz und heiße Sie von Herzen willkommen. Der Empfang in der alten Krönungsstadt Königsberg, den Ihre Bevölkerung Uns bereitet hat, ist Ihrer Majestät und Mir zu Herzen gegangen, und danken Wir Ihnen aufs innigste dafür.

Es sind nunmehr vier Jahre verflossen, seitdem Ich mit Ihnen bei dem Mir von der Provinz gebotenen Mahle vereint war. Ich betonte damals, daß die Provinz Ostpreußen als eine hauptsächlich Landwirtschaft betreibende vor allen Dingen einen leistungsfähigen Bauernstand erhalten und behalten müsse, und daß sie als solche die Säule und Stütze Meiner Monarchie sei. Es wird daher Mein stetes Bestreben sein, für das Wohl und die wirtschaftliche Hebung Ostpreußens angelegentlich zu sorgen.

In den vier verflossenen Jahren haben schwere Sorgen den Landwirt bedrückt, und es will Mir scheinen, als ob unter diesem Einfluß Zweifel aufgestiegen seien an Meinen Versprechungen, ob sie auch wohl gehalten werden könnten. Ja, Ich habe sogar tiefbekümmerten Herzens bemerken müssen, daß aus den Mir nahestehenden Kreisen des Adels Meine besten Absichten mißverstanden, zum Teil bekämpft worden sind, ja sogar das Wort Opposition hat man Mich vernehmen lassen. Meine Herren! eine Opposition preußischer Adliger gegen ihren König ist ein Unding, sie hat nur dann eine Berechtigung, wenn sie den König an ihrer Spitze weiß, das lehrt schon die Geschichte Unseres Hauses.

Wie oft haben Meine Vorfahren Irregeleiteten eines einzelnen Standes zum Wohle des Ganzen gegenübertreten müssen! Der Nachfolger dessen, der aus eigenem Recht souveräner Herzog in Preußen wurde, wird dieselben Bahnen wandeln wie sein großer Ahne; wie einst der erste König ex me mea nata corona*) sagte und sein großer Sohn**)

*) Meine Krone habe ich mir selbst geschaffen.
**) König Friedrich I. bezw. Friedrich Wilhelm I.

seine Autorität als einen rocher de bronce stabilierte, so vertrete auch Ich gleich Meinem Kaiserlichen Großvater das Königtum aus Gottes Gnaden.

Meine Herren! Was Sie bedrückt, das empfinde auch Ich, denn Ich bin der größte Grundbesitzer in unserm Staate und Ich weiß sehr wohl, daß wir durch schwere Zeiten gehen. Täglich ist Mein Sinnen darauf gerichtet, Ihnen zu helfen; aber Sie müssen Mich dabei unterstützen, nicht durch Lärm, nicht durch Mittel der von Ihnen mit Recht so oft bekämpften gewerbsmäßigen Oppositionsparteien, nein, in vertrauensvoller Aussprache zu Ihrem Souverän. Meine Thür ist allezeit einem jeden Meiner Unterthanen offen, und willig leihe Ich ihm Gehör. Das sei fortan Ihr Weg, und als ausgelöscht betrachte Ich alles was geschah!

Um Mich aber zu vergewissern, ob wirklich Ich Meinen Versprechungen nachgekommen sei und die Fürsorge, die Ich der Provinz einst versprach***), in der Weise ausgeführt worden ist, wie Ich es wünschte, habe Ich zusammenstellen lassen, was für die Provinz unter Meiner Regierung bisher geschehen. Es sind seit der Zeit, als Ich zu Ihnen sprach, für Eisenbahnen, zum Erlaß von Darlehen an Deich- und Meliorationsverbände, für Weichselregulierung und Seekanal für Ostpreußen 85 Millionen Mark und für Westpreußen 24 1/4 Millionen Mark aus allgemeinen Staatsmitteln aufgewendet worden, zusammen 110 Millionen. Mein Wort habe Ich gehalten.

Aber noch mehr. Ich werde fortfahren, in stetem Bemühen für dieses Land zu sorgen, und der nächstjährige Etat wird bereits neue Beweise Meiner landesväterlichen Fürsorge bringen.

Meine Herren! Sehen wir doch den Druck, der auf uns lastet, und die Zeiten, durch die wir schreiten müssen, von dem christlichen Standpunkte an, in dem wir erzogen und aufgewachsen sind, als eine uns von Gott auferlegte Prüfung! Halten wir still, ertragen wir sie in christlicher Duldung, in

***) Am 14. Mai 1890

fester Entschlossenheit und in der Hoffnung auf bessere Zeiten nach unserm alten Grundsatze: Noblesse oblige!

Eine erhebende Feier hat sich vorgestern vor unseren Augen abgespielt*); vor uns steht die Statue Kaiser Wilhelms I. das Reichsschwert erhoben in der Rechten, ein Symbol von Recht und Ordnung. Es mahnt uns alle an andere Pflichten, an den ernsten Kampf wider die Bestrebungen, die sich gegen die Grundlage unseres staatlichen und gesellschaftlichen Lebens richten. Nun, meine Herren, an Sie ergeht jetzt Mein Ruf: Auf zum Kampfe für Religion, für Sitte und Ordnung, gegen die Parteien des Umsturzes!

Wie der Epheu sich um den knorrigen Eichenstamm legt, ihn schmückt mit seinem Laub und ihn schützt, wenn Stürme seine Krone durchbrausen, so schließt sich der preußische Adel um Mein Haus. Möge er und mit ihm der gesamte Adel deutscher Nation ein leuchtendes Vorbild für die noch zögernden Teile des Volkes werden. Wohlan denn, lassen Sie uns zusammen in diesen Kampf hineingehen! Vorwärts mit Gott, und ehrlos, wer seinen König im Stiche läßt!

In der Hoffnung, daß Ostpreußen als die erste Provinz in der Linie dieses Gefechtes gehen wird, erhebe Ich Mein Glas und trinke es auf das Gedeihen Ostpreußens und seiner Bewohner. Die Provinz lebe hoch! hoch!! hoch!!!

*) Enthüllung des Denkmals Kaiser Wilhelms I. in Königsberg.

Bilder können einer Rede besonderen Reiz verleihen, wenn sie das Gesprochene anschaulicher machen und zugleich ungesucht vom Thema abliegende Kenntnisse oder Ideen des Redners enthüllen.
Gerade sie müssen deshalb selbst gefunden und selbst empfunden sein. Was man gemeinhin originell heißt. Der Kaiser gebraucht häufig bildliche Wendungen, aber sie sind nicht selbst geprägt; sie sind übernommen, und sie werden nicht immer in anschaulicher Weise angewandt. (Thoma, S. 348.)

Der Kaiser in Thorn.

22. September 1894

wird der Kaiser in Thorn empfangen und auf dem Platz vor dem Rathause vom Ersten Bürgermeister Dr. Kohli begrüßt. Den ihm gebotenen Ehrentrunk nimmt er an mit den Worten:

Ich trinke auf das Wohl und das Gedeihen der Stadt Thorn

und erwidert dann auf die Rede des Ersten Bürgermeisters folgendes:

Die Worte, die Sie soeben als Ausdruck der Treue der Bewohner dieser Stadt gesprochen haben, sind Mir zu Herzen gegangen. Die Geschichte der Stadt Thorn ist eine der bewegtesten und interessantesten unter allen Städten Meiner Monarchie. Sie hat aber in allen wechselnden Schicksalen das eine nicht aus dem Auge gelassen, daß sie gerade so wie Marienburg seit ihrer Gründung eine deutsche Stadt ist. Ich habe Mich gefreut, wahrzunehmen, daß Thorn das Deutschtum zu bewahren bestrebt ist, und hoffe, daß Meine soeben gesprochenen Worte auch in Thorn das rechte Verständnis finden werden.

Es ist zu Meiner Kenntnis gekommen, daß leider die polnischen Mitbürger hierselbst sich nicht so verhalten, wie man es erwarten und wünschen sollte. Sie mögen es sich gesagt sein lassen, daß sie nur dann auf Meine Gnade und Teilnahme in demselben Maße wie die Deutschen rechnen dürfen, wenn sie sich unbedingt als preußische Unterthanen fühlen. Ich hoffe, daß die Thorner polnischen Mitbürger sich entsprechend dem, was Ich in Königsberg gesagt, verhalten werden; denn nur dann, wenn wir alle Mann an Mann geschlossen wie eine Phalanx zusammenstehen, ist es möglich, den Kampf mit dem Umsturz siegreich zu Ende zu führen. Daß die Thorner in dieser Beziehung mit gutem Beispiel vorangehen, wünsche Ich von Herzen.

Bei der Verabschiedung auf dem Bahnhofe wiederholte der Kaiser gegen den Bürgermeister seinen Dank für den ihm gewordenen Empfang und fügte die Worte hinzu:

Ich wünsche, daß das, was Ich heute Vormittag gesagt habe, allgemein bekannt werde; Ich habe es nicht bloß in den Wind gesprochen. Ich kann auch sehr unangenehm sein und werde es, wenn erforderlich, auch werden.

Alle bürgerlichen oder — hier richtiger gesagt — alle Zivilverhältnisse sind in diesen Reden perhorresziert. Es ist, als ob die ganze deutsche Welt von heute mit Säbeln über das Pflaster klirrte. (Thoma, S. 354.)

Vereidigung der Marinerekruten in Kiel.

Nach Einweihung der Hochbrücke kehrt der Kaiser nach Kiel zurück und richtet an die Marinerekruten nach deren Vereidigung folgende Ansprache:

Der Eid ist heilig, und heilig ist die Stätte, da ihr ihn schwört. Das zeigt der Altar und das Kruzifix; es bedeutet, daß wir Deutsche Christen sind, daß wir allezeit erst Gott die Ehre geben bei jedem Geschäft, das wir treiben, zumal bei dem höchsten, bei der Ausbildung zum Schutze des Vaterlandes. Ihr tragt des Kaisers Rock, ihr seid dadurch den andern Menschen vorgezogen und gleichgestellt den Kameraden der Armee und Marine; ihr nehmt eine besondere Stelle ein und nehmt Pflichten auf euch. Von manchen werdet ihr um den Rock, den ihr tragt, beneidet; haltet ihn in Ehren und beschmutzt ihn nicht, und das könnt ihr am besten, wenn ihr an euren Eid denkt. Ihr zumal, ihr Seeleute, die ihr so oft die Gelegenheit habt, die Allmacht Gottes bei den verschiedensten Gelegenheiten auf dem Wasser kennen zu lernen.

Worin liegt das Geheimnis, daß wir oft in geringerer Anzahl dem Gegner überlegen sind? In der Disciplin. Was ist Disciplin? Das einheitliche Zusammenwirken, der einheitliche Gehorsam. Daß unsere alten Vorfahren schon darauf hielten, beweist das eine Beispiel: wie sie einst gegen die Römer in den Krieg zogen, stiegen sie über die Berge und sahen sich plötzlich den gewaltigen Heeresmassen gegenüber. Da wußten sie, was für ein schwerer Augenblick ihnen bevorstand. Sie gaben Gott die Ehre, indem sie zuerst beteten und dann, mit Ketten zusammengeschlossen, Mann an Mann sich auf den Feind warfen und ihn besiegten! Nun, die wirklichen Ketten brauchen wir nicht mehr, wir haben eine kräftige Religion und den Eid. Bleibt dem treu und denkt daran, mögt ihr im Inlande oder Auslande sein! Haltet eure Fahne hoch, die hier schwarz-weiß-rot vor euch steht, und denkt an euren Eid, denkt an euren Kaiser!

Festmahl des Brandenburgischen Provinziallandtags.

20. Februar 1896

veranstaltete der Oberpräsident der Provinz Brandenburg Staatsminister Dr. von Achenbach ein Festmahl für die Mitglieder des Brandenburgischen Provinziallandtags. In gewohnter Weise nahm der Kaiser daran teil und beantwortete die ihm huldigende Tischrede des Gastgebers wie folgt:

Ich knüpfe an an die uns allen zu Herzen gehenden Worte Ihres verehrten Oberpräsidenten, um Ihnen Meinen herzlichsten und innigsten Dank auszusprechen für das, was Mir soeben aus seinem Munde in Ihrem Namen entgegengeklungen ist. Mit Recht hat Unser verehrter Oberpräsident an die große Zeit appelliert, die Wir soeben durchlebt haben, und Ich möchte aus der Erinnerung an dieselbe einen Moment auch heute hier vorführen, den Ich durchlebt habe und den Ihnen kundzugeben Ich bei Mir beschloß.

Ich war im Herbst dieses Jahres, als Ich das Schlachtfeld bei Metz bereiste, an einem Punkt, der hell in der Geschichte unseres Krieges und hell in der Geschichte unseres werdenden Reiches dasteht. Ich bin auf die Höhe hinaufgegangen, an der einst das märkische Korps ansetzte, um für seinen König und Markgrafen die Kaiserkrone erstreiten zu helfen. Ich habe bewegten Herzens und feuchten Auges auf das Gefilde gesehen und im Geiste die Kompanien und Regimenter der alten Märker geschaut, wie sie vorüberzogen, ihren blutigen Lauf verfolgend. Ich habe sie im Geiste fallen sehen, ringend mit dem Tode, das brechende Auge gen Himmel gewandt, mit der festen Überzeugung des Sieges im

Herzen und der gewonnenen Schlacht. Und da ist Mir zum erstenmal die volle Größe der Tat, die die Mark für ihren König im großen Kriege getan hat, klar geworden, und in Meinem Herzen regte sich das Gelübde, daß für die Leute, die solches haben tun können, nichts zu hoch, nichts zu viel sei, als daß es ihr Markgraf tun müßte, um sich bei ihnen dafür zu bedanken. Dies der Rückblick in die große Zeit, die wir soeben in der Erinnerung erlebten.

Nun lassen Sie Mich Ihnen ein Bild vorführen aus der Zeit des Jubiläums des vergangenen Jahres. Wir Menschen pflegen gern die Ereignisse in der Natur, die sich um uns abspielen, in Verbindung zu bringen mit dem Finger der Vorsehung, unseres Gottes. Als sich die „Hohenzollern" der Einmündung des Kaiser Wilhelm-Kanals näherte, war die Nacht im Verschwinden. Ein schweres Gewitter stand über uns, und Blitz und Donner wechselten rasch miteinander ab — ein gewaltiges Schauspiel! Es schien die Natur in großer Aufregung zu sein. Da ein solches Gewitter die Eröffnung, ja die ganze Feier in Frage stellen konnte, regte sich die Besorgnis in Meinem Herzen, ob uns auch dies wohl gelingen möge. Denn es war das große Werk, welches Mein Herr Großvater angefangen hatte, welches unter den Augen der gesamten Welt der Vollendung entgegenging, und eine angsterfüllte Bitte rang sich aus Meinem Herzen, ob der Himmel uns wohl ein gnadenreiches Zeichen geben würde, und ob es uns beschieden sein würde, den schönen Tag zu erleben. Das Schiff schwenkte in die Schleuse ein, lief durch, und auf der anderen Seite, wo der Kanal begann, waren zwei mächtige Türme aufgestellt von Holz, wie sie in der alten Zeit die Kreuzfahrer bauten und errichteten, um die Mauern von Burgen und Städten zu brechen. Von den beiden Türmen hingen deutsche Fahnen herab, und ein gewaltiges Seil spannte sich über den Kanal, und langsam, in tiefer Totenstille bewegte sich das gewaltige Schiff vorwärts. Hinter uns rollten die letzten Donner, und zuckten die letzten Blitze, und vor uns war ein dämmernd düsteres Gewölk, aus dem bereits ein goldener Glorienschein anfing aufzugehen. Das Schiff erreichte das Tau; es spannte sich; der Widerstand schien unüberwindlich; die Türme krachten — doch das Seil riß, und das Schiff lief in den Kanal. In demselben Augenblicke stiegen die ersten Strahlen der leuchtenden Sonne durch das Gewölk empor, dasselbe zerteilend, und eine kurze Stunde darauf leuchtete die volle Sonne. Auf das hehre Zeichen aber eröffnete sich der Kanal, und es erschien das Schiff mit der Landesflagge des neugeeinten Reichs, begrüßt von dem Donner der Schiffe der ganzen Welt.

Nun, Meine Herren, das ist das Fazit, was wir aus den vergangenen 25 Jahren gezogen haben; dies ist der Rückblick. Nun erwächst aber auch für uns die Pflicht für die Zukunft. Das, was wir erlebt, das, was geschehen, verdanken wir doch nur dem großen Kaiser Wilhelm und seinem Gottvertrauen. Die ganze Feier, die sich im letzten Jahre abgespielt hat, gipfelte nur in der Verherrlichung dieser uns geradezu heilig gewordenen Persönlichkeit. Sie verkörpert für uns die Vereinigung unseres vielersehnten neuen deutschen Vaterlandes. Es ist für uns die heilige Pflicht, diese Person, das geheiligte Andenken an diesen hohen Herrn rein und hehr zu verteidigen gegen jedermann, er möge kommen, von wo er auch will.*) Ich bin der festen Überzeugung, daß, wie Ich einst den Appell an Sie gerichtet habe, den Sie auch heute so warm befürwortet haben, sich um Mich zu scharen und Meinem Werk zu helfen, wir mit anderer Hilfe noch weiter kommen werden. Ich denke dabei an die deutschen Frauen und Jungfrauen. Ich dachte ihrer auf dem Felde von Vionville, wie sie freudig ihre Söhne, Gatten, ihre Bräutigams dahingegeben haben, um uns unser Vaterland wieder zu erstreiten. An ihnen ist es, uns neue, tüchtige Männer heranzuziehen. In unserer Mutter, unserer guten deutschen Frau liegt eine gewaltige Macht, die niemand zu überwinden vermag. Möge sie in ihrem Beruf stets dessen eingedenk sein, von welch ungemeiner Wichtigkeit sie ist, und mögen speziell die Märkerinnen dessen stets eingedenk sein, daß sie uns eine brave, tüchtige Generation junger Märker voll Gottvertrauen und Zuversicht

*) Bei diesen Worten schlug der Kaiser in wahrnehmbarer Ergriffenheit bekräftigend mit der Hand auf den Tisch.

heranbilden helfen. Sie aber, Meine Herren, die Sie hier schlagenden und pochenden Herzens und gehobenen Sinnes versammelt sind, Sie fordere Ich auf, Mir das Gelöbnis zu erneuern, in der Devise gipfelnd, die auf dem Orden, der dem Andenken Kaiser Wilhelms gewidmet ist, steht, im Andenken an Kaiser Wilhelm zu wirken, ein jeder an seinem Fleck, was er sei, ob Abgeordneter, ob Landrat, ob einfacher Bauer: zu stehen und zu arbeiten für das Wohl unseres Vaterlandes. In diesem Sinne erhebe Ich Mein Glas und rufe: Die Mark und die Märker, sie leben hoch! — nochmals hoch! — und zum drittenmal hoch!

Das Schlimme ist, daß der Kaiser sich immer mehr entwöhnt, wirklich etwas zu arbeiten. Er steht spät auf, frühstückt um 9 Uhr, ist nur sehr schwer und sehr ungern etwa zwei Stunden am Vormittag für die Vorträge zu haben. Häufig benutzt er die Vorträge, um seinen Räten selber Vortrag zu halten. Dann kommt das Frühstück um 1 Uhr. Es folgt die Ausfahrt um 2 oder 1/2 3 Uhr, dann Tee, dann Schlafen, und vor der Abendtafel um 8 Uhr noch Erledigung einiger Unterschriften. Infolge des öfters sich bis drei Stunden hinziehenden Nachmittagsschlafes bleibt der Kaiser regelmäßig bis 12 oder 1 Uhr auf und steht dabei am liebsten im Kreis von Menschen, die ihm andächtig zuhören und denen er unentwegt erzählt. So spielt sich das Leben tatsächlich ab. Man vergleiche, was die Historiker darüber schreiben.

(Zedlitz-Trützschler, S. 222.)

Vereidigung der Marine-Rekruten in Wilhelmshaven.

21. Februar 1896.

Im Angesichte Gottes und seiner Diener habt ihr Mir jetzt den Eid der Treue geleistet, und Ich erwarte von euch, daß ihr gute und stramme Matrosen werdet. Was ihr gelobt habt, das haltet, denn „ein Mann ein Wort." Die

Soldaten der Armee haben öfter Gelegenheit, unter den Augen ihrer höheren Vorgesetzten zu zeigen, was sie gelernt haben und was sie leisten können. Dies ist bei der Marine nicht der Fall, weil viele von euch jahrelang im Auslande sein werden. Aber ihr müßt nicht denken, daß ihr dadurch Meinen Augen entrückt seid.

Unsere Marine ist im Verhältnis zu anderen Marinen noch klein, im Aufblühen begriffen; aber durch unsere Disziplin müssen wir stark werden und durch diese zu ersetzen suchen, was an materiellen Kräften fehlt. Was ist Disziplin? Weiter nichts als unbedingte Unterordnung des eigenen Willens unter einen höheren. Wenn auch jeder die Absicht hat, Gutes zu tun, so muß er doch seine Ansicht unterordnen dem Wohle des Ganzen. Nur durch Zusammenhalten kann man etwas Ganzes und etwas Großes leisten und eine feste Masse schaffen.

Ansprache auf dem Sparenberge bei Bielefeld.

17. Juni 1897.

Auf geweihtem Boden stehend, geweiht durch den Fuß eines der gewaltigsten Meiner Vorfahren, den man schon zu seinen Lebzeiten, und zwar zuerst seine Feinde, den „Großen Kurfürsten" nannte, ergreife Ich den Mir von der Stadt gebotenen Pokal, gefüllt mit deutschem Weine. Gleichwie er auf seinen Zügen nach dem Westen rastend hier oben auf dem Sparenberg Rat pflog und mit seinem Adlerblicke vorausschauend, die Entschlüsse faßte, welche die wehrhaften Brandenburger in ruhmvolle Taten umsetzen sollten, und dabei auch bedacht war auf den Schutz und die Hebung der Linnenindustrie des Ravensberger Ländchens, so habe auch Ich hier Rat, Mut und Zuversicht geholt, freilich zu einem anderen Kampfe als dem mit Waffen.

Mit staunender Bewunderung habe Ich die überwältigenden Leistungen und Erfolge jenes gottbegnadeten, von Gott uns gesandten Mannes, des Pastors von Bodelschwingh, gesehen. Soweit der Blick reicht, und noch darüber hinaus im deutschen Vaterlande spürt man den Segen dieses wahrhaften Jüngers unseres Herrn.

Tief durchdrungen von dem segensreichen Erfolge evangelischer Liebestätigkeit, die gerade auf westfälischem Boden, in Bielefelds Mauern so herrliche Früchte gezeitigt hat, erhebe Ich den Pokal in der Hoffnung, daß Westfalens Söhne nicht zurückstehen werden mit ihrer Hilfe zur Unterstützung in der Ausführung Meines Programmes: Schutz der nationalen Arbeit aller produktiven Stände, Kräftigung eines gesunden Mittelstandes, rücksichtslose Niederwerfung jedes Umsturzes und die schwerste Strafe dem, der sich untersteht, einen Nebenmenschen, der arbeiten will, an freiwilligem Arbeiten zu hindern.

Ich trinke auf die westfälische Treue, die fester steht, als die alten, ehrwürdigen Steine der Sparenburg, und auf das Blühen und Gedeihen der Stadt und der Bürger Bielefelds.

Der Verkehr mit den Söhnen der Mark ist für Mich stets wie ein neu belebender Trank.

(Aus einer Ansprache bei dem Festmahl des Brandenburgischen Provinziallandtages, 26. Februar 1897.)

Vereidigung von Marine-Rekruten in Wilhelmshaven.

1. März 1898.

Ihr habt den Eid als Seeleute auf die Kriegsflagge geschworen, welche die Farben schwarz-weiß-rot trägt. So bedeutet Schwarz die Arbeit und die Trauer, Weiß Feiertag und Ruhe und Rot das Blut, welches viele Vorfahren für das Vaterland vergossen haben. Ich erinnere daran, daß brave Seeleute mit dem letzten Gedanken an das teure Vaterland und an die Flagge, zu welcher sie den Eid der Treue geschworen hatten, den Tod in den Wellen gefunden haben. Viele von euern Kameraden sind hinausgezogen, um die Interessen des Vaterlandes zu schützen. Denn wo der deutsche Aar Besitz ergriffen und die Krallen in ein Land hineingesetzt hat, das ist deutsch und wird deutsch bleiben.

Geht hin und tut eure Schuldigkeit, wie ihr eben vor Gottes Angesicht geschworen!

„V. zu M.I. 1184. Seine Majestät der Kaiser und König haben Allerhöchst sich erneut dahin auszusprechen geruht, wie Allerhöchst dieselben es nicht wünschen, daß Seeoffiziere nur Schnurrbart tragen."

(Erlaß des Reichs-Marine-Amtes, 10.3.1899.)

Diejenige Partei, die es wagt, die staatlichen Grundlagen anzugreifen, die gegen die Religion sich erhebt und selbst nicht vor der Person des allerhöchsten Herrn Halt macht, muß überwunden werden. Ich werde Mich freuen, jedes Mannes Hand in der Meinen zu wissen, sei er Arbeiter, Fürst oder Herr — wenn Mir nur geholfen wird in diesem Gefechte! Und das Gefecht können wir nur siegreich durchführen, wenn wir uns immerdar des Mannes erinnern, dem wir unser Vaterland, das Deutsche Reich verdanken, *in dessen Nähe* durch Gottes Fügung *so mancher brave, tüchtige Ratgeber war, der die Ehre hatte, seine Gedanken ausführen zu dürfen, die aber alle Handlanger seines erhabenen Wollens waren,* erfüllt von dem Geiste dieses erhabenen Kaisers.

Dann werden wir richtig wirken und im Kampfe nicht nachlassen, um unser Land von dieser Krankheit zu befreien, die nicht nur unser Volk durchseucht, sondern auch das Familienleben, vor allen Dingen aber das Heiligste, was wir Deutsche kennen, die Stellung der Frau, zu erschüttern trachtet.

(Aus Wilhelms Märkerrede am 26.2.1897.)

Ansprache an das Kunstpersonal der Königlichen Schauspiele.

16. Juni 1898.

Ich habe Sie gebeten, sich hier einzufinden, weil Ich wünschte, daß Sie an dem heutigen Feste teilnehmen sollten, wie alle andern, die heute zu Mir gekommen sind und mit Mir feiern.

Als Ich vor zehn Jahren zur Regierung kam, da trat Ich aus der Schule des Idealismus, in dem Mich Mein Vater erzogen hatte. Ich war der Ansicht, daß das Königliche Theater vor allen Dingen dazu berufen sei, den Idealismus in unserm Volke zu pflegen, an dem es, Gott sei Dank! noch so reich ist, und dessen warme Wellen noch in seinem Herzen reichlich quellen. Ich war der Überzeugung und hatte Mir fest vorgenommen, daß das Königliche Theater ein Werkzeug des Monarchen sein sollte, gleich der Schule und der Universität, die die Aufgabe haben, das heranwachsende Geschlecht heranzubilden und vorzubereiten zur Arbeit für die Erhaltung der höchsten geistigen Güter unseres herrlichen deutschen Vaterlandes. Ebenso soll das Theater beitragen zur Bildung des Geistes und des Charakters und zur Veredlung der sittlichen Anschauungen. Das Theater ist auch eine Meiner Waffen.

Es liegt Mir am Herzen, Ihnen allen Meinen innigsten, herzlichsten, tiefgefühltesten königlichen Dank für die Bereitwilligkeit, mit der Sie sich dieser Aufgabe unterzogen haben, auszusprechen. Den hohen Erwartungen, die Ich von dem Personal Meiner Oper und Meines Schauspiels gehegt habe, haben Sie vollständig entsprochen.

Es ist die Pflicht eines Monarchen, sich um das Theater zu kümmern, wie Ich es an den Beispielen Meines hochseligen Vaters und Großvaters gesehen habe, eben weil es eine ungeheure Macht in seiner Hand sein kann, und Ich danke Ihnen, daß Sie unsere herrliche, schöne Sprache, daß Sie die Schöpfungen unserer Geistesheroen und derjenigen anderer Nationen in so hervorragender Weise zu pflegen und zu interpretieren verstanden haben.

Ich danke Ihnen ferner, daß Sie auf alle Meine Anregungen und Wünsche eingegangen sind. Ich kann es mit Freude sagen, daß alle Länder mit Aufmerksamkeit die Königlichen Theater in ihrer Tätigkeit verfolgen und mit Bewunderung auf Ihre Leistungen blicken. Ich habe die feste Überzeugung, daß die Mühe und Arbeit, die Sie auf Ihre Darstellungen verwendet, nicht vergeblich gewesen sind.

Ich bitte Sie nun, daß Sie mir fernerhin beistehen, jeder in seiner Weise und an seiner Stelle, im festen Gottvertrauen dem Geiste des Idealismus zu dienen und den Kampf gegen den Materialismus und das undeutsche Wesen fortzuführen, dem schon leider manche deutsche Bühne verfallen ist. Und so wollen Sie in diesem Kampfe fest bestehen und in treuem Streben ausharren: Halten Sie sich versichert, daß Ich jederzeit Ihre Leistungen im Auge behalten werde, und daß Sie Meines Dankes, Meiner Fürsorge und Meiner Anerkennung gewiß sein können.

Gestern abend waren wir im Schauspielhaus, wo König Richard II. mit Joseph Kainz als Gast gegeben wurde. Der Kaiser äußerte sich sehr mißfällig über die Vorstellung und über die Künstler, auch über Kainz. Auch die Kaiserin, die Prinzen, Kronprinzessin und Prinzessin Viktoria Luise schienen mit dem Stück nicht einverstanden. Ich persönlich hatte den Eindruck, daß man die einfachen, wenn auch manchmal etwas krassen Wahrheiten des großen Shakespeare nicht vertragen kann. Seine Menschen sind eben bis heute noch wirkliche Menschen; aber wir wollen nichts von wirklichen Menschen wissen, darum berühren sie uns unsympathisch. Wir wollen nichts von ihren Leidenschaften wissen und versteigen uns so weit, das Ganze unnatürlich und unpassend zu finden. Bei uns erregt Shakespeare nur Widerspruch, und man sucht sich damit zu trösten, daß das Ganze doch nicht mehr in unsere Zeit passe und vieles recht lächerlich sei. Ich aber habe die Überzeugung, daß wir kaum in einem anderen Stück so viel finden können, was auf unsere heutigen Verhältnisse paßt, wie in Richard II. (Zedlitz-Trützschler, S. 244.)

Unter der Überschrift „*Des Kaisers künstlerischer Mahnruf*" brachte am 20. November 1895 die „Nordd. Allg. Ztg." die ausführliche Beschreibung eines Bildes, welches der Kaiser entworfen und Professor Knackfuß in Kassel gezeichnet hat. Das erste Exemplar des vervielfältigten Bildes hat Kaiser Nikolaus von Rußland erhalten. Unter den zeichnerischen Entwurf hat der Kaiser die Worte geschrieben: „*Völker Europas, wahret eure heiligsten Güter! Wilhelm I.R.*"
Das Bild wird wie folgt beschrieben: Auf einer Felsplatte stehen, überstrahlt von dem Lichtglanz des Kreuzes — des Zeichens, in dem allein Christen den Sieg erkämpfen — die allegorischen Gestalten der Kulturvölker. Im Vordergrund Frankreich; mit der Linken das Auge beschattend, glaubt es noch nicht recht an die Nähe der Gefahr; Deutschland hingegen mit Schild und Schwert gewaffnet, folgt aufmerksamen Auges dem Anwachsen des Unheils. Rußland, ein schönes, reichlockiges Weib, legt traulich seinen Arm auf die Schulter der wehrhaften Gefährtin. Neben dieser Gruppe steht entschlossen Österreich; es streckt seine Recht auffordernd aus, um das noch etwas zögernde England für die gemeinsame Arbeit zu gewinnen. Italien steht zwischen beiden und schaut gleich Deutschland erregt auf das drohende Unheil. Den Schluß dieses Zuges edler Frauengestalten bilden zwei junge lockige Mädchen; sie versinnbildlichen die kleineren Kulturstaaten, auch sie tragen Speere in der Hand. Vor dieser wehrhaften, vielgestaltigen Gruppe steht der ungepanzerte, geflügelte Erzengel Michael; seine Rechte hält das flammende Schwert. Sein Antlitz ist der Frauenschar zugewandt: seine Züge spiegeln ern-

ste Energie wieder, und seine ausgestreckte Linke, die auf das nahende Furchtbare hinweist, unterstützt noch die Aufforderung, zum heiligen Kampfe bereit zu sein. Zu Füßen des Felsplateaus dehnt sich die weite Ebene des europäischen Kulturlandes, ein majestätischer Strom durchrauscht es, Bergzüge begrenzen den Horizont und in der Niederung werden Städte sichtbar, aus denen Kirchen der verschiedenen Bekenntnisse aufragen; im Vorgrund erscheint die Burg Hohenzollern. Über diese friedvollen Gaue aber ballen sich die Wolken des Unheils zusammen; dunkles, qualmendes Gewölk verfinstert den Himmel. Der Weg, den die sich heranwälzenden asiatischen Horden nehmen, wird von dem Flammenmeer einer brennenden Stadt bezeichnet. Massige, zu höllischen Fratzen verzerrte Rauchwolken entsteigen dem zerstörenden Brande. Die drohende Gefahr, in Gestalt des Buddha, thront in diesem düsteren Rahmen; ein chinesischer Drache, der den Dämon der Vernichtung gleichsam verkörpert, trägt dies Götzenbild. In unheimlichem Vordringen nähern sich die finsteren Gewalten den Ufern des schützenden Stromes: nur wenige Zeit noch, und er ist keine Grenze mehr.

(Schröder, S. 172/173)

Ständefest der Provinz Westfalen.

7. September 1898.

Der kaiserlichen Galatafel vom 6. September folgte tags darauf in Porta das Fest, welches die Provinz zu Ehren des Kaiserpaares veranstalten durfte. Kaiser und Kaiserin nahmen daran teil. Auf die Ansprache, die der Vorsitzende des westfälischen Provinziallandtages Wirklicher Geheimer Rat von Oheimb an das Kaiserpaar richtete, antwortete der Kaiser:

Von Herzen danke Ich im Namen Ihrer Majestät der Kaiserin und in Meinem Namen für den freundlichen Willkomm und für das heutige Fest. Sie wissen, wie Ich Mich freue jedesmal, wenn Ich unter Ihre Reihen treten kann. Ich bin dankbar, daß seitens der Provinz anerkannt wird, daß die Mühen Meiner Regierung nicht ganz umsonst gewesen sind, und Ich hoffe, daß es Mir gelingen wird, den Ausblick namentlich auch für die Landwirtschaft, so zu gestalten, daß Sie mit Ruhe einer guten Zukunft entgegensehen können, und daß alle großen Gebiete des Erwerbslebens unseres Vaterlandes zu gleichen Teilen sich miteinander verbinden und so die fortdauernde Größe und Entwicklung desselben gewährleisten werden.

Wir können es aber nur, wenn wir in gesichertem, ruhigem und ungestörtem Fortarbeiten unter dem Schutze des Friedens uns entwickeln, wie gleichsam angedeutet ist durch die ausgestreckte Hand des großen Kaisers, der hier über uns steht. Der Friede wird aber nie besser gewährleistet sein, als durch ein schlagfertiges, kampfbereites deutsches Heer, wie wir es jetzt in einzelnen Teilen zu bewundern und uns darüber zu freuen die Gelegenheit haben.

Gebe uns Gott, daß es uns immer möglich sei, mit dieser stets schneidigen und gut erhaltenen Waffe für den Frieden der Welt zu sorgen! Dann möge sich auch der westfälische Bauer ruhig schlafen legen.

Ich erhebe das Glas und trinke auf das Wohl der Provinz Westfalen! Sie lebe hoch! — und noch einmal hoch! — und zum drittenmal hoch!

Der Schutz der deutschen Arbeit, der Schutz desjenigen, der arbeiten will, ist von Mir im vorigen Jahre in der Stadt Bielefeld feierlich versprochen worden. Das Gesetz naht sich seiner Vollendung und wird den Volksvertretern noch in diesem Jahre zugehen, worin *jeder* — er möge sein, wer er will, und heißen, wie er will —, *der einen deutschen Arbeiter, der willig ist, seine Arbeit zu vollführen, daran zu hindern versucht, oder gar zu einem Streik anreizt, mit Zuchthaus bestraft werden soll.* Die Strafe habe Ich damals versprochen, und Ich hoffe, daß das Volk in seinen Vertretern zu Mir stehen wird, um unsere nationale Arbeit in dieser Weise, soweit es möglich ist, zu schützen.

(Aus Wilhelms „Zuchthausrede" vom 6.8.1898.)

Einweihung der Erlöserkirche in Jerusalem.

31. Oktober 1898.

Am Vormittag des Reformationsfestes wurde die neuerbaute Erlöserkirche von dem Generalsuperintendenten Oberhofprediger D. Dryander aus Berlin eingeweiht. An die Weihe schloß sich der Festgottesdienst, in dem der Pfarrer Hoppe-Jerusalem die Predigt hielt. Nach dem Schlußgebet des Generalsuperintendenten D. Nebe-Münster verlas der Kaiser folgende Ansprache:

Gott hat uns die Gnade verliehen, daß wir in dieser allen Christen heiligen Stadt, an einer durch wirkliche Liebesarbeit geweihten Stätte, das dem Erlöser der Welt zu Ehren errichtete Gotteshaus haben weihen können. Was Meine in Gott ruhenden Vorfahren seit mehr als einem halben Jahrhundert ersehnt und als Förderer und Beschützer der hier im evangelischen Sinne begründeten Liebeswerke erstrebt haben, das hat durch die Erbauung und Einweihung der Erlöserkirche Erfüllung gefunden.

Mit der werbenden Kraft dienender Liebe sollen hier die Herzen zu dem geführt werden, in dem allein das geängstigte Menschenherz Heil, Ruhe und Frieden findet für diesseits und jenseits.

Mit fürbittender Teilnahme begleitet die evangelische Christenheit weit über Deutschlands Grenzen hinaus unsere Feier. Die Abgesandten der evangelischen Kirchengemeinschaften und zahlreiche evangelische Glaubensgenossen aus aller Welt sind mit uns hierher gekommen, um persönlich Zeuge zu sein der Vollendung des Glaubens- und Liebeswerkes, durch das der Name des höchsten Herrn und Erlösers verherrlicht und der Bau des Reiches Gottes auf Erden gefördert werden soll.

Jerusalem, die hochgebaute Stadt, in der unsere Füße stehen, ruft die Erinnerung wach an die gewaltige Erlösungstat unseres Herrn und Heilandes. Sie bezeugt uns die gemeinsame Arbeit, die alle Christen über Konfessionen und Nationen im apostolischen Glauben eint.

Die welterneuernde Kraft des von hier ausgegangenen Evangeliums treibt uns an, ihm nachzufolgen, sie mahnt uns, im glaubensvollen Aufblicke zu dem, der für uns am Kreuze gestorben, zu christlicher Duldung, zur Betätigung selbstloser Nächstenliebe an allen Menschen. Sie verheißt uns, daß bei treuem Festhalten an der reinen Lehre des Evangeliums selbst die Pforten der Hölle unsere teure evangelische Kirche nicht überwältigen sollen.

Von Jerusalem kam der Welt das Licht, in dessen Glanze unser deutsches Volk groß und herrlich geworden ist. Was die germanischen Völker geworden sind, das sind sie geworden unter dem Panier des Kreuzes auf Golgatha, des Wahrzeichens der selbstaufopfernden Nächstenliebe. Wie vor fast 2000 Jahren, so soll auch heute von hier der Ruf in alle Welt erschallen, der unser aller sehnsuchtsvolles Hoffen in sich birgt: „Friede auf Erden!"

Nicht Glanz, nicht Macht, nicht Ruhm, nicht Ehre, nicht irdisches Gut ist es, was wir hier suchen, wir lechzen, flehen und ringen allein nach dem einen, dem höchsten Gute, dem Heile unserer Seelen. Und wie Ich das Gelübde Meiner in Gott ruhenden Vorfahren: „Ich und Mein Haus, Wir wollen dem Herrn dienen" an diesem feierlichen Tage hier wiederhole, so fordere Ich Sie alle auf zum gleichen Gelöbnis. Jeder sorge in seinem Stande und Berufe, daß alle, die den Namen des gekreuzigten Herrn tragen, in dem Zeichen dieses hochgelobten Namens ihren Wandel führen zum Siege über alle aus der Sünde und der Selbstsucht kommenden finsteren Mächte!

Gott verleihe, daß von hier aus reiche Segensströme zurückfließen in die gesamte Christenheit, daß auf dem Throne wie in der Hütte, in der Heimat wie in der Fremde Gottvertrauen, Nächstenliebe, Geduld im Leiden und tüchtige Arbeit des deutschen Volkes edelster Schmuck bleibe, und daß der Geist des Friedens die evangelische Kirche immer mehr und mehr durchdringe und heilige.

Er, der gnadenreiche Gott, wird unser Flehen erhören, das ist unsere Zuversicht. Er, der Allmächtige, ist der starke Hort, auf den wir bauen.

Mit unsrer Macht ist nichts getan,
Wir sind gar bald verloren;
Es streit für uns der rechte Mann,
Den Gott selbst hat erkoren.
Fragt ihr, wer er ist,
Er heißt Jesus Christ;
Der Herr Zebaoth,
Und ist kein andrer Gott,
Das Feld muß er behalten.

Die Stadt Damaskus hat unserm Kaiser eine Huldigung ohnegleichen bereitet und soeben war es, daß der Kaiser zu Chakir Pascha, dem Chef der türkischen Suite, äußerte:

Ich möchte doch, daß *meine Berliner mal sähen, wie hier ein Herrscher empfangen wird.* (Schröder, S. 127.)

An Dr. Esser.

17. Dezember 1898.

Dr. Esser wird vom Kaiser empfangen und erzählt diesem anderthalb Stunden von den Verhältnissen in Kamerun, wo nach Essers Ansicht zu viel regiert werde. Darauf der Kaiser:

Dann kann Ich ja die Hälfte zurückkommen lassen. Die Herren sollen wissen, daß sie dazu da sind, dem deutschen Kapital den Weg zu ebnen und das deutsche Kapital zu schützen.

Zum Schlusse überreicht der Kaiser dem Dr. Esser den Kronenorden 2. Klasse, indem er sagt:

Ich gebe Ihnen die höchste Auszeichnung, welche Ich Ihnen geben kann, um damit zu dokumentieren, wie Ich es anerkenne, wenn ein vermögender Mann wie Sie dreimal sein Leben aufs Spiel setzt, sich Mühen und Entbehrungen auferlegt, um unseren Kolonien den Segen des deutschen Kapitals zu teil werden zu lassen, und Ich werde dieses deutsche Kapital im Auslande zu schützen wissen. Ich wünschte, daß nicht lauter niedergebrochene Existenzen ihre letzte Zuflucht in den Kolonien suchen, sondern daß Ich für jede unserer Kolonien einen Mann hätte wie Sie.

Als der Leibarzt ihn über seinen „kleinen Schnupfen" trösten will, richtet sich der Kaiser plötzlich auf, sieht ihn ernst an und sagt: „Ein großer Schnupfen! Bei mir ist alles groß." (Ludwig, S. 291.)

„In meiner Praxis werde ich mich aber für später nur auf Gott und mein scharfes Schwert verlassen und berufen! Und scheiße auf die ganzen Beschlüsse!"
(Die diplomatischen Akten des Auswärtigen Amtes, Berlin 1925, Band 15, S. 306.)

Im Brandenburgischen Provinziallandtag.

3. Februar 1899.

Der Kaiser nimmt teil an einem Festmahl, das der Oberpräsident der Provinz Brandenburg Staatsminister Dr. von Achenbach den Mitgliedern des Provinziallandtages gibt. Auch in diesem Jahre ergreift er wieder das Wort zu einer längeren Ansprache. Sie lautete nach dem „Reichsanzeiger:"

Mein verehrter Oberpräsident und liebe Brandenburger Männer!

Die Rede, die wir soeben vernommen haben, hat in patriotischer Weise, vergoldet mit poetischem Schwung, die Taten Meines Hauses und die Geschichte unseres Volkes in kurzen Umrissen dargelegt. Ich glaube wohl, aus dem Herzen eines jeden von Ihnen zu sprechen, wenn Ich sage, daß zwei Umstände es gewesen sind, die es Meinen Vorfahren und Meinem Hause ermöglicht haben, diese Aufgabe in dieser Weise zu lösen. Der eine, der Hauptumstand, ist der, daß sie vor allen anderen Fürsten und schon zu einer Zeit, wo vielleicht dergleichen Gedanken und Gefühle noch nicht gangbar waren, die persönliche Verantwortlichkeit des Herrschers dem Himmel gegenüber fühlten und vertraten. Der zweite Umstand war der, daß sie das Volk der Märker hinter sich hatten.

Wenn wir uns in den Augenblick versetzen, wo der Landeshauptmann und zum Kurfürsten ernannte Friedrich I. sein herrliches fränkisches Heimatland mit der Mark vertauschte, die damals in einem Zustande war, wie wir es uns kaum nach den Beschreibungen der Historiker vorstellen können, so ist dieser Tausch nur so zu verstehen, daß der Herr in sich den Beruf fühlte, in dieses Land zu ziehen, welches ihm anvertraut war von kaiserlicher Huld, um hier geordnete Zustände herbeizuführen, nicht bloß um des Kaisers willen oder um seiner selbst willen, sondern, weil er überzeugt war, daß ihm die Aufgabe von oben gestellt war.

Dasselbe können wir bei allen Meinen Vorfahren verfolgen. Die großen Kämpfe nach außen, die Entwicklung und die Gesetzgebung nach innen sind immer nur von dem Gedanken geleitet gewesen der Verantwortlichkeit für das ihnen übergebene Volk, für das ihnen anvertraute Land.

Der Herr Oberpräsident hat gütigerweise unserer Reise nach Palästina gedacht und der dort von Mir vollzogenen Tatsachen. Ich kann wohl sagen, daß manche und vielseitige Eindrücke erhebender Natur an Meinem Auge vorübergegangen sind, teils religiöser, teils historischer Art, teils auch aus dem modernen Leben. Aber von allen Eindrücken der erhabenste und ergreifendste war doch, nächst unserer Feier in unserer Kirche, der, auf dem Ölberg zu stehen und die Stätte zu sehen am Fuße desselben, wo der gewaltigste Kampf, der je auf der Erde ausgefochten worden ist, der Kampf um die Erlösung der Menschheit, von dem Einen ausgefochten wurde. Diese Tatsache hat Mich dazu bewogen, an dem Tage gewissermaßen noch von neuem Mir den Fahneneid zu schwören nach oben, nichts unversucht zu lassen, um Mein Volk in sich zu einigen und das, was es trennen könnte, zu beseitigen.

Beim Verweilen aber in dem fremden Lande und an den verschiedenen Stätten, wo für uns Germanen der uns so teure Wald und das schöne Wasser so mangelten, fielen Mir die märkischen Seen mit ihrer dunklen klaren Flut und die märkischen Eichen- und Kiefernwälder ein, und da dachte Ich bei Mir, daß wir es doch, obwohl wir in Europa zuweilen über die Achsel angesehen werden, in der Mark weit besser haben, als in der Fremde. Wenn Ich an den Baum, an die Behandlung desselben, an die Liebe für den Wald denke, so fällt Mir dabei ein Ereignis ein, das gerade für uns und den Anfang des Ausbaues unseres Reiches von hohem Interesse ist.

Es war nach den großen erhebenden Vorgängen des Jahres 1870/71. Die Truppen waren wieder eingezogen, der Jubel und die Begeisterung hatten sich gelegt, und die alte Arbeit und die Gründung und Entwicklung des neugewonnenen Vaterlandes sollte nun beginnen. Da saßen die drei Paladine des großen alten Kaisers zum erstenmal allein beim gemeinschaftlichen Mahle, der große General, der gewaltige Kanzler und der getreue Kriegsminister; und nachdem das erste Glas auf den Landesherrn und das Vaterland geleert worden war, ergriff der Kanzler das Wort, und sich zu seinen beiden Genossen wendend, sagte er: „Wir haben nun alles erreicht, wofür wir gekämpft, gestritten und gelitten haben. Wir stehen auf der Spitze dessen, was wir uns nur je geträumt haben. Was kann für uns noch irgendwie Interessantes und Erhebendes oder Aneiferndes kommen, nach dem, was wir durchlebt haben?" Eine kurze Pause folgte darauf, und da sagte der alte Schlachtenlenker mit einem Male: „Den Baum wachsen sehen!" Und tiefe Stille verbreitete sich im Zimmer.

Ja meine Herren! Der Baum, den wir wachsen sehen und für den wir sorgen müssen, ist die deutsche Reichseiche. Gesundes Wachstum ist ihr bestimmt, weil sie in der Hut der Märker steht, in deren Land ihre Wurzeln sich befinden. Sie hat manchen Sturm durchgemacht und oft auszugehen gedroht, aber der Stamm und das Reislein, in den märkischen Sand gesenkt, wird, so Gott will, in alle Ewigkeit halten!

Ich kann somit heute nur von neuem geloben, alles zu tun, was Ich dazu vermag! Auch die Reise an die gelobten Stätten und die geheiligten Orte wird Mir behilflich sein, um diesen Baum zu beschützen, zu fördern und zu pflegen, wie ein guter Gärtner die Zweige zurückzuschneiden, die überflüssig sind, auf die Tiere zu sehen, die seine Wurzeln benagen wollen, und sie auszurotten. Ich hoffe, dann das Bild zu sehen, daß der Baum sich herrlich entwickelt, und vor ihm steht der deutsche Michel, die Hand am Schwertknauf, den Blick nach außen, um ihn zu beschirmen. Sicher ist der Friede, der hinter dem Schild und unter dem Schwerte des deutschen Michel steht.

Es ist ja ein herrliches Beginnen, für alle Völker den Frieden herbeiführen zu wollen; aber es wird ein Fehler bei den ganzen Rechnungen angestellt. Solange in der Menschheit die unerlöste Sünde herrscht, so lange wird es Krieg und Haß, Neid und Zwietracht geben und so lange wird ein Mensch versuchen den andern zu übervorteilen; was aber unter den Menschen, das ist auch unter den Völkern Gesetz. Deswegen wollen wir trachten, daß wir Germanen wenigstens zusammenhalten, wie ein fester Block! An diesem „rocher de bronze“ des deutschen Volkes draußen weit über die Meere und bei uns zu Haus in Europa möge sich jede den Frieden bedräuende Welle brechen!

Wer Mir dazu zuerst zu helfen berufen ist, das ist die Mark, das sind die Märker, und da Ich annehme, daß es Ihnen nicht schwer fallen kann, dem schwarz-weißen Banner und Ihrem roten zu folgen, so hoffe Ich, daß Ich dafür Verständnis unter Ihnen finde, daß Ich Mich auf die Mark zu stützen beabsichtige nach wie vor, und daß Ich dabei auf Ihre getreue Mitarbeit rechne!

Daher erhebe Ich das Glas und rufe: Es lebe die Mark Brandenburg und ihre Mitglieder! Hurra! — Hurra! — Hurra!

„Erst die Sozialisten abschießen, köpfen und unschädlich machen — wenn nötig per Blutbad und dann Krieg nach außen! Aber nicht vorher und nicht a tempo. Mit herzlichsten Grüßen und Wünschen zum Neuen Jahr, welches uns gesegnete Arbeit bringen möge."
(Wilhelm an seinen Kanzler Bülow am 31.12.1905.)

Arbeiterwohnungen.

Anfang Juni 1899.

Nach einem Bericht der „Elbinger Zeitung" hat sich der Kaiser folgendermaßen über die Arbeiterwohnungen auf seiner in der Nähe von Elbing gelegenen Besitzung Kadinen geäußert:

In Kadinen muß noch manches anders werden. Ich meine besonders die Arbeiterwohnungen. Dies scheint überhaupt noch ein Übel hier im Osten zu sein. Der schöne Viehstall in Kadinen ist ja ein wahrer Palast den Arbeiterwohnungen gegenüber. Es muß dafür gesorgt werden, daß nicht etwa die Schweineställe besser sind, als die Arbeiterwohnungen.

Als beim Streik der Trambahner 1900 auf dem Dönhoffsplatz in Berlin Unruhen ausbrachen, drahtete er dem Generalkommando: „Ich erwarte, daß beim Einschreiten der Truppe mindestens 500 Leute zur Strecke gebracht werden." (Ludwig, S. 257.)

Erlaß an das Heer.

1. Januar 1900.

Eine Sonderausgabe des „Armeeverordnungsblattes“ veröffentlicht am ersten Tage des neuen Jahrhunderts folgenden Erlaß des Kaisers an das Heer:

An Mein Heer!

Vollendet ist das Jahrhundert, dessen Beginn das Vaterland in seiner tiefsten Erniedrigung sah, dessen Ausgang gekrönt ist durch die Wiedererstehung von Kaiser und Reich! Unter den Schlägen des Eroberers war das Deutsche Reich zusammengebrochen, dahingesunken die Macht Preußens, vernichtet das Heer des Großen Königs, welches einer Welt in Waffen siegreich Trotz geboten hatte.

Wohl hatte nach sieben unvergessenen Leidensjahren Preußen in wunderbarer Erhebung mit der ganzen Kraft eines zur Verzweiflung gebrachten Volkes die Ketten der Fremdherrschaft zerbrochen und damit Deutschland sich selbst wiedergegeben; wohl hatte in dem Befreiungskampfe sein neu erstandenes Heer ungezählte Ruhmeskränze um seine Fahnen gewunden: der höchste Lohn für seine opfervolle Hingebung blieb dem Vaterlande versagt, unerfüllt das unauslöschliche Sehnen nach Deutschlands Einheit. Hadernd und entfremdet gingen die deutschen Stämme nebeneinander her, Deutschland blieb gering im Rate der Völker.

Endlich ließ Gott ihm die Männer erstehen, die das auf blutgetränkten Schlachtfeldern begonnene Einigungswerk zur Vollendung führten. Heute steht das gemeinsame große Vaterland, geschirmt durch sein von einem Geiste beseeltes Heer, machtvoll, ein Hort des Friedens, da.

Dankerfüllten Herzens richtet sich an dem Wendetage des Jahrhunderts Mein Auge zu dem Thron des Allmächtigen, der so Großes an uns getan hat; zu Ihm stehe Ich mit Meinem Volke in Waffen, daß er auch in Zukunft mit uns sein möge.

Voll freudigen Stolzes gedenke Ich derer, die Er Seine Werkzeuge sein ließ: Meines vielgeprüften Herrn Urgroß-

Es lebe der Friede!
– Friede heißt, Gott sei Dank, noch nicht Abrüstung!
Karikatur von Caran d'Ache. (Le Figaro. 23. September 1901.)

vaters, des unvergeßlichen Großen Kaisers, Meines geliebten Herrn Vaters und ihrer treuen Verbündeten; ihrer Berater und Heerführer, die Preußens Schwert geschärft und, als die Stunde des Kampfes schlug, sein Heer von Sieg zu Sieg geführt haben; der Männer, die für des Vaterlandes Befreiung und Ehre willig und furchtlos Leben und Blut zum Opfer gebracht haben. Unauslöschlich wird die Erinnerung an diese Helden im deutschen Volke fortleben.

Ich danke Meinem Heere für alles, was es in diesem langen Zeitraume Mir, Meinem Hause und dem Vaterlande geleistet hat, für seine Hingebung und Opferwilligkeit, für seine Tapferkeit und Treue. Und wenn sich heute seine ruhmgekrönten Fahnen im Schmuck des Lorbeers vor dem Altare des Allmächtigen neigen, um von Mir das Erinnerungszeichen zu empfangen, das nach dem einmütigen Beschlusse Meiner erhabenen Bundesgenossen den Feldzeichen des gesamten deutschen Heeres als ein neues Unterpfand seiner Einheit und seiner Untrennbarkeit zu teil wird, dann soll es das Gelübde erneuern, immerdar es den Vätern und Vorvätern gleich zu tun, mit deren Blute der Bund gekittet ist, der Deutschlands Fürsten und Völker jetzt und in alle Zukunft umschließt.

Mögen dann nach dem Willen der Vorsehung auch neue Stürme über das Vaterland hinbrausen und seinen Söhnen abermals das Schwert in die Hand drücken: an Meinem tapferen Heere werden sie sich brechen, es wird sein und bleiben was es war und ist, ein Feld, auf dem Deutschlands Macht und Größe ruht. Das walte Gott.

Berlin, den 1. Januar 1900. Wilhelm.

Technische Hochschule in Charlottenburg.

9. Januar 1900.

Es hat Mich gefreut, die technischen Hochschulen auszeichnen zu können. Sie wissen, daß sehr große Widerstände zu überwinden waren; die sind jetzt beseitigt. Ich wollte die technischen Hochschulen in den Vordergrund bringen; denn sie haben große Aufgaben zu lösen, nicht bloß technische, sondern auch große soziale Aufgaben. Die sind bisher nicht so gelöst worden, als Ich wollte.

Sie können auf die sozialen Verhältnisse vielfach großen Einfluß ausüben, da Ihre vielen Beziehungen zu der Arbeit und zu den Arbeitern und zur Industrie überhaupt eine Fülle von Anregungen und Einwirkungen ermöglichen. Sie sind deshalb auch in der kommenden Zeit zu großen Aufgaben berufen; die bisherigen Richtungen haben ja leider in sozialer Beziehung vollständig versagt. Ich rechne auf die technischen Hochschulen!

Die Sozialdemokratie betrachte Ich als eine vorübergehende Erscheinung; sie wird sich austoben. Sie müssen aber Ihren Schülern die sozialen Pflichten gegen die Arbeiter klar machen und die großen allgemeinen Aufgaben nicht außer acht lassen. Also, Ich rechne auf Sie. An Arbeit und Anerkennung wird es nicht fehlen.

Unsere technische Bildung hat schon große Erfolge errungen. Wir brauchen sehr viele technische Intelligenz im ganzen Lande; was brauchen schon die Kabellegungen und die Kolonien an technisch Gebildeten! Das Ansehen der deutschen Technik ist schon jetzt sehr groß. Die besten Familien, die sich sonst anscheinend ferngehalten haben, wenden ihre Söhne der Technik zu, und Ich hoffe, daß das zunehmen wird.

Auch im Auslande ist Ihr Ansehen sehr groß. Die Ausländer sprechen mit größter Begeisterung von der Bildung, die sie an Ihrer Hochschule erhalten haben. Es ist gut, daß Sie auch Ausländer heranziehen; das schafft Achtung vor unserer Arbeit. Auch in England habe Ich überall die größte Hochachtung vor der deutschen Technik gefunden. Das habe Ich jetzt selbst wieder erfahren, wie man dort die deutsche technische Bildung und die Leistungen der deutschen Technik schätzt. Wenden Sie sich daher auch mit aller Kraft den großen wirtschaftlichen und sozialen Aufgaben zu.

Doch in die hohe, große Festesfreude schlägt ein Ton hinein, der wahrlich nicht dazu gehört; *eine Rotte von Menschen, nicht wert, den Namen Deutscher zu tragen, wagt es, das deutsche Volk zu schmähen, wagt es, die uns geheiligte Person des allverehrten verewigten Kaisers in den Staub zu ziehen.* Möge das gesamte Volk in sich die Kraft finden, diese unerhörten Angriffe zurückzuweisen! Geschieht es nicht, *nun, dann rufe Ich Sie, um der hochverräterischen Schar zu wehren, um einen Kampf zu führen, der uns befreit von solchen Elementen.*
(Aus Wilhelms Trinkspruch bei der Parade zum Sedansfest, 2.8.1895.)

„Es ist mir vollständig gleichgültig, ob in dem Reichstagskäfig rote, schwarze oder gelbe Affen herumspringen."
(Wilhelm nach dem Ergebnis der Reichstagswahlen 1903 zu seinem Kanzler.)

„Die Byzantiner haben sich immer geglichen – bis zu unseren Tagen, wo im deutschen Reichstag ein Präsident, der den Rednern jede Kritik der Kaiserreden verbot, die Herrlichkeit und die Allweisheit eines lebenden Herrschers pries.“

(Paul Liman, Hohenzollern, Berlin. 1905.)

Ansprache an das erste Expeditionskorps für China.

2. Juli 1900.

Mitten in den tiefsten Frieden hinein, für Mich leider nicht unerwartet, ist die Brandfackel des Krieges geschleudert worden. Ein Verbrechen, unerhört in seiner Frechheit, schaudererregend durch seine Grausamkeit, hat Meinen bewährten Vertreter getroffen und dahingerafft. Die Gesandten anderer Mächte schweben in Lebensgefahr, mit ihnen die Kameraden, die zu ihrem Schutze entsandt waren. Vielleicht haben sie schon heute ihren letzten Kampf gekämpft. Die deutsche Fahne ist beleidigt und dem Deutschen Reiche Hohn gesprochen worden. Das verlangt exemplarische Bestrafung und Rache.

Die Verhältnisse haben sich mit einer furchtbaren Geschwindigkeit zu tiefem Ernste gestaltet und, seitdem Ich euch unter die Waffen zur Mobilmachung berufen, noch ernster. Was Ich hoffen konnte, mit Hilfe der Marine-Infanterie wieder herzustellen, wird jetzt eine schwere Aufgabe, die nur durch geschlossene Truppenkörper aller zivilisierten Staaten gelöst werden kann. Schon heute hat der Chef des Kreuzergeschwaders Mich gebeten, die Entsendung einer Division in Erwägung zu nehmen.

Ihr werdet einem Feinde gegenüberstehen, der nicht minder todesmutig ist, wie ihr. Von europäischen Offizieren ausgebildet, haben die Chinesen die europäischen Waffen brauchen gelernt. Gott sei Dank haben eure Kameraden von der Marine-Infanterie und Meiner Marine, wo sie mit ihnen zusammengekommen sind, den alten deutschen Waffenruf bekräftigt und bewährt und mit Ruhm und Sieg sich verteidigt und ihre Aufgaben gelöst.

So sende Ich euch nun hinaus, um das Unrecht zu rächen, und Ich werde nicht eher ruhen, als bis die deutschen Fahnen vereint mit denen der anderen Mächte siegreich über den chinesischen wehen und, auf den Mauern Pekings aufgepflanzt, den Chinesen den Frieden diktieren.

Ihr habt gute Kameradschaft zu halten mit allen Truppen, mit denen ihr dort zusammen kommt. Russen, Engländer, Franzosen, wer es auch sei, sie fechten alle für die eine Sache, für die Zivilisation.

Wir denken auch noch an etwas Höheres, an unsere Religion und die Verteidigung und den Schutz unserer Brüder da draußen, welche zum Teil mit ihrem Leben für ihren Heiland eingetreten sind.

Denkt auch an unsere Waffenehre, denkt an diejenigen, die vor euch gefochten haben, und zieht hinaus mit dem alten Brandenburgischen Fahnenspruch: „Vertrau auf Gott, dich tapfer wehr', daraus besteht dein' ganze Ehr'! Denn wer's auf Gott herzhaftig wagt, wird nimmer aus der Welt gejagt."

Die Fahnen, die hier über euch wehen, gehen zum erstenmal ins Feuer; daß ihr Mir dieselben rein und fleckenlos und ohne Makel zurückbringt!

Mein Dank und Mein Interesse, Meine Gebete und Meine Fürsorge werden euch nicht verlassen, mit ihnen werde Ich euch begleiten.

An Bord des „Kurfürst Friedrich Wilhelm."

6. Juli 1900.

Der Kaiser besucht in Kiel das Flaggschiff der ersten Division des ersten Geschwaders „Kurfürst Friedrich Wilhelm" und verabschiedet sich von Offizieren und Mannschaften mit folgenden Worten:

Ihr seid die erste Panzerdivision, die Ich in das Ausland entsende. Bedenkt, daß ihr mit hinterlistigen, aber mit modernen Waffen ausgerüsteten Gegnern kämpfen müßt, und

Seltſame Bilderſprache.

— Die Fauſt des deutſchen Kaiſers reicht bis zum äußerſten Oſten.

Karikatur von Johann Braakenſiek. (Weekblad voor Nederland. Amsterdam 1898.)

Karikatur auf den Krieg in China, die den Titel führen könnte: „Von Berlin bis Peking".

rächt vergossenes deutsches Blut. Schont Weiber und Kinder.

Ich werde nicht ruhen, bis China niedergeworfen ist, und alle Bluttaten gerächt sind.

Ihr werdet mit den Mannschaften verschiedener Nationen zusammen kämpfen; haltet stets gute Kameradschaft.

In Bremerhaven.

27. Juli 1900.

Der Kaiser kommt zur Besichtigung der nach Ostasien abgehenden Truppen nach Bremerhaven, begleitet von der Kaiserin, den Prinzen Eitel=Friedrich und Adalbert, dem Reichskanzler Fürsten zu Hohenlohe, dem Staatssekretär Grafen von Bülow, dem Kriegsminister von Goßler und dem Generalleutnant von Bessel. Er verabschiedet sich von den Truppen mit einer Ansprache, die von dem „Reichs=anzeiger" im nichtamtlichen Teile nach dem Wolffschen Telegraphen=bureau folgendermaßen wiedergegeben wird:

Große überseeische Aufgaben sind es, die dem neu entstandenen Deutschen Reiche zugefallen sind, Aufgaben weit größer, als viele Meiner Landsleute es erwartet haben. Das Deutsche Reich hat seinem Charakter nach die Verpflichtung, seinen Bürgern, wofern diese im Ausland bedrängt werden, beizustehen. Die Aufgaben, welche das alte Römische Reich deutscher Nation nicht hat lösen können, ist das neue Deutsche Reich in der Lage zu lösen. Das Mittel, das ihm dies ermöglicht, ist unser Heer.

In dreißigjähriger treuer Friedensarbeit ist es herangebildet worden nach den Grundsätzen Meines verewigten Großvaters. Auch ihr habt eure Ausbildung nach diesen Grundsätzen erhalten und sollt nun vor dem Feinde die Probe ablegen, ob sie sich bei euch bewährt haben. Eure Kameraden von der Marine haben diese Probe bereits bestanden, sie haben euch gezeigt, daß die Grundsätze unserer Ausbildung gute sind, und Ich bin stolz auf das Lob auch aus dem Munde auswärtiger Führer, das eure Kameraden draußen sich erworben haben. An euch ist es, es ihnen gleich zu tun.

Kein Abschied mehr ohne Rede.
— Wilhelm II. (zu den Schwalben): „Geht, fliegt fort, ihr Vögel, aber vergeßt nicht, daß ihr Deutsche seid und tut eure Pflicht.

(Humoristische Blätter, Wien.)

Eine große Aufgabe harrt eurer: ihr sollt das schwere Unrecht, das geschehen ist, sühnen. Die Chinesen haben das Völkerrecht umgeworfen, sie haben in einer in der Weltgeschichte nicht erhörten Weise der Heiligkeit des Gesandten, den Pflichten des Gastrechts Hohn gesprochen. Es ist das um so empörender, als dies Verbrechen begangen worden ist von einer Nation, die auf ihre uralte Kultur stolz ist. Bewährt die alte preußische Tüchtigkeit, zeigt euch als Christen im freudigen Ertragen von Leiden, möge Ehre und Ruhm euren Fahnen und Waffen folgen, gebt an Manneszucht und Disziplin aller Welt ein Beispiel.

Ihr wißt es wohl, ihr sollt fechten gegen einen verschlagenen, tapfern, gut bewaffneten, grausamen Feind. Kommt ihr an ihn, so wißt: Pardon wird (euch) nicht gegeben, Gefangene werden nicht gemacht. Führt eure Waffen so, daß auf tausend Jahre hinaus kein Chinese mehr es wagt, einen Deutschen scheel anzusehen. Wahrt Manneszucht.

Der Segen Gottes sei mit euch, die Gebete eines ganzen Volkes, Meine Wünsche begleiten euch, jeden einzelnen. Öffnet der Kultur den Weg ein für allemal!

Nun könnt ihr reisen! Adieu Kameraden!

Nach der ungereinigten Lesart sagte der Kaiser unter anderem: „Pardon wird nicht gegeben! Gefangene werden nicht gemacht! Wer euch in die Hände fällt, sei euch verfallen! Wie vor tausend Jahren die Hunnen unter ihrem König Etzel sich einen Namen gemacht . . ., so möge der Name Deutscher in China auf tausend Jahre durch euch in einer Weise bestätigt werden, daß niemals wieder ein Chinese es wagt, einen Deutschen auch nur scheel anzusehen!" (Schröder, S. 41.)

Schon am 19. Juni telegraphierte er aus Oldenburg an Bülow: „Peking muß regelrecht angegriffen und *dem Erdboden gleichgemacht* werden . . . Ich werde eventuell den Obergeneral gern stellen. . . . Der Deutsche Gesandte wird durch meine Truppen gerächt. *Peking muß rasiert werden.*" Tatsächlich lebte Ketteler damals noch, er wurde erst am 20. Juni in den Straßen Pekings ermordet.

(Erich Eyck, Das persönliche Regiment Wilhelms II., Erlenbach-Zürich 1948.)

„Wenn wir ganz ehrlich sein wollen", schrieb Moltke, der den Kaiser damals begleitete, „so ist es Geldgier, die uns bewogen hat, den großen chinesischen Kuchen anzuschneiden. Wir wollen Geld verdienen, Bahnen bauen, Bergwerke in Betrieb setzen... Darin sind wir keinen Deut besser, als die Engländer in Transvaal."

(Helmuth von Moltke, Erinnerungen, Briefe, Dokumente 1877—1916, Stuttgart 1922.)

Seepredigt.

29. Juli 1900.

Der Kaiser pflegt, wenn kein Geistlicher an Bord ist, Sonntags Schiffsgottesdienst zu halten und zwar mit eigener Predigt. Eine solche ist bekannt geworden; der Kaiser hielt sie an Bord der „Hohenzollern" auf der Höhe von Helgoland am 7. Sonntage nach Trinitatis, den 29. Juli 1900; es ist natürlich, daß auch hierin die ihn tief bewegenden Ereignisse in Ostasien deutlich zur Geltung kommen. Wir geben die Predigt in ihrem ganzen Umfange wieder, zeigt sie uns doch den kaiserlichen Redner von ganz neuer Seite.

7. Sonntag nach Trinitatis.

Die Gnade unsers Herrn Jesu Christi und die Liebe Gottes und die Gemeinschaft des heiligen Geistes sei mit uns allen. Amen.

Text:

2. Mose 17, V. 11: So lange Moses seine betenden Hände emporhielt, siegte Israel; wenn er aber seine Hände niederließ, siegte Amalek.

Ein ergreifendes Bild ist es, das unser heutiger Text uns vor die Seele malt. Da zieht Israel hin durch die Wüste, vom Roten Meere zum Berge Sinai. Aber plötzlich tritt ihnen das heidnische Amalekitervolk in den Weg, will ihnen den Durchgang wehren, und es kommt zur Schlacht. Josua führt die junge Mannschaft Israels in den Streit. Die Schwerter klirren aufeinander, und ein heißes, blutiges Ringen beginnt im Tale Raphidim. Aber siehe, während der Kampf hin und her wogt, steigen die frommen Gottesmänner Moses, Aron und Hur hinauf auf Bergeshöh, sie strecken ihre Hände empor zum Himmel: sie beten. Drunten im Tal die kämpfende Schar, droben auf dem Berge die betende Schar, das ist das Schlachtenbild unseres Textes.

Wer verstünde heute nicht, was es uns sagen will. Wiederum hat sich ja heidnischer Amalekitergeist geregt im fernen Asien; mit großer Macht und viel List, mit Sengen und Morden will man den Durchzug europäischen Handels und europäischen Geistes, will man den Siegeszug christlicher Sitte und christlichen Glaubens wehren. Und wiederum ist der Gottesbefehl ergangen: Erwähle die Männer, zeuch aus und streite wider Amalek! Ein heißes blutiges Ringen hat begonnen. Schon stehen viele unsrer Brüder drüben im Feuer, viele fahren den feindlichen Küsten zu, und ihr habt sie gesehen, die Tausende, die auf den Ruf: Freiwillige vor! Wer will des Reiches Hüter sein? sich jetzt sammeln, um mit fliegenden Fahnen mit einzutreten in den Kampf.

Aber wir, die wir zurückbleiben müssen in der Heimat, die wir durch andere heilige Pflichten gebunden sind, sagt, hört ihr nicht den Ruf Gottes, der an euch ergeht und der es euch sagt: Steige hinauf auf den Berg! Hebe deine Hände empor zum Himmel! Das Gebet des Gerechten vermag viel, wenn es ernstlich ist!

Wohlan denn: drüben in der Ferne die Scharen der Kämpfer, hier in der Heimat die Scharen der Beter, das sei das heilige Schlachtenbild auch unsrer Tage. Mahne denn diese stille Morgenstunde, sie mahne uns an die heilige Pflicht der Fürbitte, sie erinnere uns an die heilige Macht der Fürbitte.

Die heilige Pflicht der Fürbitte.

Gewiß, ein begeisterter Augenblick, wenn ein Schiff mit der jungen Mannschaft an Bord die Anker lichtet! Habt ihr nicht die Augen der Krieger leuchten sehen? Habt ihr nicht ihr tausendstimmiges Hurra vernommen? Aber wenn dann die heimatliche Küste entschwindet, wenn es hineingeht in die Gluthitze des Roten Meeres oder in die Sturzwellen des Ozeans, wie leicht ermattet da Frische und Begeisterung!

Gewiß ein erhebender Anblick, wenn nach langer Fahrt sich in der Ferne zeigen die geraden Linien der deutschen Forts, wenn sichtbar werden die schwarz-weiß-roten Fahnen der deutschen Kolonie und die Waffenbrüder stehen zum jubelnden Empfang am Ufer. Aber wenn dann kommen die langen Märsche im Sonnenbrand, die langen Biwaknächte im Regen, wie leicht erlahmt da Fröhlichkeit und Kraft! Gewiß, ein lang ersehnter Augenblick, wenn endlich der Tambour anschlägt zum Sturm und die Trompeten blasen zum Streit, wenn das Kommando ertönt: Vorwärts auf den Feind! Aber wenn dann im Donner der Geschütze und beim Sprühen der Granaten die Kameraden fallen zur Rechten und Linken und die feindlichen Batterien wollen nicht weichen — wie leicht fängt da auch das tapfere Herz zu beben an!

Christen, damit unsere Brüder draußen fröhlich bleiben auch in der drückendsten Not, treu bleiben auch in der schwersten Pflicht, unverzagt bleiben auch in der größten Gefahr, dazu brauchen sie mehr als Munition und scharfe Waffen, auch mehr als jugendlichen Mut und flammende Begeisterung, dazu brauchen sie Segen von oben, sonst können sie nicht gewinnen und den Sieg behalten, und diese himmlische Welt, sie öffnet sich aus dem Gebet. Das Gebet ist der goldene Schlüssel zur Schatzkammer unsers Gottes. Aber wer ihn hat, der hat auch die Verheißung: Wer da bittet, der empfängt.

Oder wollen wir etwa die Hände müßig in den Schoß legen? Wehe uns, wenn wir träge und lässig wären, während sie das harte, blutige Handwerk treiben! Wehe uns, wenn wir hinter den Schranken dem großen Schauspiel nur neugierig zusähen, während sie ringen in heißem Todeskampf! Das wäre Kainsgeist mit der grausamen Sprache: soll ich meines Bruders Hüter sein? Das wäre Treulosigkeit gegen unsere braven Brüder, die ihr Leben einsetzen!

Nimmermehr! Wir wollen nicht nur Bataillone von Kriegern mobil machen, nein, auch eine heilige Streitmacht von Betern.

Ja, wie viel gibt es doch für unsere ins Feld ziehenden Brüder zu erbitten und zu erflehen. Sie sollen der starke

Arm sein, der die Meuchelmörder bestraft; sie sollen die gepanzerte Faust sein, die in das wüste Treiben hineinfährt; sie sollen mit dem Schwerte in der Hand eintreten für unsere heiligsten Güter.

So wollen wir sie mit unseren Gebeten geleiten hinaus aufs wogende Meer, hin auf ihre Märsche, hinein in den Donner der Schlacht und in die Stille der Lazarette, wollen Gott den Herrn bitten, daß sie männlich und stark stehen auf ihren Posten, daß sie heldenmütig und unverzagt ihre Schlachten schlagen, daß sie tapfer und still ihre Wunden tragen; daß Gott denen, die im Feuer zusammenbrechen, ein seliges Ende beschere und ihnen den Lohn der Treue gebe, kurz, daß er die Krieger zu Helden mache und die Helden zu Siegern und sie dann mit Lorbeer um den Tropenhelm und mit den Ehrenzeichen auf der Brust heimbringe in das Land ihrer Väter.

Die heilige **Macht** der Fürbitte.

Oder glauben wir etwa nicht an die heilige Macht der Fürbitte? Nun denn, was sagt der Text? „Solange Moses seine Hände emporhielt, siegte Israel!" Die heißen Gebete eines Moses machten die Schwerter der Feinde stumpf, sie schoben sich wie ein Keil in die feindlichen Schlachtreihen, brachten sie ins Wanken und hefteten den Sieg an die flatternden Fahnen Israels. Und wenn das die Gebete eines Moses vollbracht, sollten nicht auch unsere Gebete solches vermögen? Gott hat keine Silbe von seinen Verheißungen zurückgenommen, treue Gebete können noch heute die Drachenbanner in den Staub werfen und die Kreuzesbanner auf die Mauer pflanzen.

Und Moses steht mit seiner Fürbitte nicht allein. Schau hin, dort auf der Höhe von Sodom steht Abraham fürbittend vor seinem Gott, und mit seinem Flehen bittet er Lot heraus aus der brennenden Stadt. Und sollte es da nicht unsern Gebeten auch gelingen, unsere kämpfenden Kameraden herauszubeten aus dem Feuer der Schlachten?

Blick' hin, dort in Jerusalem liegt die junge Christengemeinde auf den Knieen, ihr Führer, ihr Vater liegt gefangen im Kerker, und siehe, mit ihren Gebeten rufen sie den Engel Gottes ins Gefängnis, und er führt den Petrus unversehrt heraus. Und unsere Gebete sollten nicht die Kraft haben, noch heute die Türen der Bedrängten, Gefangenen, Verfolgten zu sprengen und ihnen die Engel zur Seite zu stellen?

O der unerkannten Macht
Von der Heil'gen Beten!
Ohne das wird nichts vollbracht
So in Freud' als Nöten.
Schritt für Schritt
Wirkt es mit
So zum Sieg der Freunde
Wie zum End' der Feinde.

Ja, der alte Gott lebt noch! Der große Alliierte regiert noch, der heilige Gott, der Sünde und Freveltaten nicht kann triumphieren lassen, sondern seine heilige Sache führen wird wider ein unheiliges Volk; der allmächtige Gott, der durch die stärksten Mauern greifen kann, als wären es Spinngewebe, und der die größten Massen zerstreuen kann wie Sandhaufen; der barmherzige getreue Gott, der das Wohl und Wehe seiner Kinder auf seinem Vaterherzen trägt, der jeden Seufzer hört und jede Not mitfühlt. Fromme Gebete öffnen seine Vaterhand, und sie ist gefüllt mit Segen. Heiße Gebete öffnen sein Vaterherz, und es ist voll Liebe. Ja, treue, anhaltende Gebete, sie holen den lebendigen Gott vom Himmel herab und stellen ihn in unsere Mitte. Und ist Gott für uns, wer mag wider uns sein?

Wohlan denn! Droben in den Tauern hängen seltsame Glocken auf Bergeshöh'! Von keines Menschen Hand werden sie geläutet. Still und stumm hängen sie im Sonnenschein. Aber wenn der Sturmwind kommt, dann beginnen sie zu schwingen, heben an zu läuten, und ihre Glockenklänge hört man weit hinab ins Tal.

Gott der Herr hat in jedes Menschenherz die Gebetsglocke hineingehängt. Doch im Sonnenschein und Glück des Lebens, wie oft hängt sie still und stumm! Wenn aber der Sturmwind der Not hervorbricht, dann hebt sie an zu klingen. Wie mancher Kamerad, der das Beten verlernt, wird drüben im

Kampf auf Leben und Tod doch wieder die Hände falten. Not lehrt beten! So soll es auch in der Heimat sein. Laßt die ernsten Tage, die angebrochen, laßt die Kriegeswetter, die über uns heraufgezogen, die Gebetsglocken wieder in Schwingung setzen! Laßt uns beten für unsere kämpfenden Brüder! Nicht nur dann und wann in festlicher Stunde, nein, nein, laßt uns treu sein im Gebet! Wie unsere Väter einst in Kriegszeiten an jedem Abend die Glocken läuteten und bei ihren Klängen die Häupter entblößten und beteten: „Ach bleib bei uns, Herr Jesu Christ, weil es nun Abend worden ist," so laßt auch uns an keinem Tage die Fürbitte vergessen. Moses hielt seine Hände hoch, bis daß die Sonne unterging: da hatte Josua den Amalek geschlagen mit Schwertes Schärfe! Unser Kampf ist nicht zu Ende gebracht an einem Tage. Aber laßt die Hände nicht müde werden, nicht sinken, bis daß der Sieg errungen. Laßt unsere Gebete eine feurige Mauer sein um das Lager unserer Brüder!

Wie wird es sie stärken, begeistern, entflammen, der Gedanke: Tausende, nein Millionen daheim tragen uns auf betendem Herzen. Der König aller Könige ruft: Freiwillige vor! Wer will des Reiches Beter sein? O, wenn es auch hier hieße: Der König rief, und alle, alle kamen! Fehle kein einziger unter uns! Der ist ein Mann, der beten kann.

Die Weltgeschichte wird einst die Kämpfe dieser Tage beschreiben. Aber der Mensch siehet nur, was vor Augen ist, er kann nur sagen, was die Weisheit der Führer, der Mut der Truppen, die Schärfe der Waffen getan. Aber die Ewigkeit wird einst noch mehr offenbaren, sie wird es zeigen, wie die verborgenen Gebete der Gläubigen eine Großmacht gewesen in diesen Kämpfen, wie sich wiederum erfüllt die alte Verheißung: Rufe mich an in der Not, so will ich dich erretten.

Und darum haltet an am Gebet. Amen.

Gebet:

Allmächtiger Gott! Lieber himmlischer Vater! Du Herr der Heerscharen und Lenker der Schlachten! Wir heben betend unsere Hände zu dir empor. Auf dein Herz legen wir die Tausende der Waffenbrüder, die du selbst gerufen hast in den Kampf. Schirme mit deinem allmächtigen Schutze unserer Söhne Brust. Führe du unsere Mannschaften zu kräftigem Siege! Auf dein Herz legen wir die Verwundeten und Kranken. Sei du ihr Trost und ihre Kraft und heile ihre Wunden, die sie empfangen haben für König und Vaterland. Auf dein Herz legen wir alle die, denen du bestimmt, auf fernem Schlachtfelde zu sterben. Stehe du ihnen bei im letzten Kampfe und gib ihnen den ewigen Frieden! Auf dein Herz legen wir unser Volk. Wahre, heilige, mehre die Begeisterung, die uns jetzt alle durchglüht. Herr unser Gott! Wir wagen es auf dich. Führe du uns im Kampf! Wir rühmen, Herr, daß du uns hilfst, und in deinem Namen werfen wir Panier auf. Herr, wir lassen dich nicht, du segnest uns denn! Amen.

Mit dem Vaterunser und dem Segenswunsche schloß der Kaiser.

Auf der Reise in Italien war die Begeisterung des Kaisers für Kaiser Friedrich II., den Hohenstaufen, interessant. Er sprach tagelang fast nur von ihm und besuchte von Bari aus die Stätten der Erinnerung an diese große Zeit.

Bei der Besichtigung des von Bari einige fünfzig Kilometer entfernten, sehr merkwürdigen und vollständig erhaltenen Castel del Monte sagte er: „Ja, wenn man denkt, was dieser große Kaiser alles geleistet! Aber wenn ich euch ebenso peitschen und köpfen lassen könnte wie er, dann würde ich auch mehr schaffen können."

In der Bewunderung für diesen Hohenstaufen vergißt der Kaiser ganz zwei Momente, die ihn sonst doch sehr seltsam berühren, und die er sehr scharf verurteilt. Einmal hatte sich Friedrich II., der ja unzweifelhaft ein selten großartig veranlagter Herrscher war, so in das Orientalische hineingelebt, daß er sich einen Harem anschaffte, dann war er so unreligiös, daß er den Ausspruch getan: „Es habe drei große Betrüger gegeben, der erste war Moses, der zweite Christus, der dritte Mohammed.“ Wie reimt sich diese Bewunderung mit unserer sonst so engherzigen christlichen und moralischen Auffassung zusammen? (Zedlitz-Trützschler, S. 130.)

Abschiedsrede an Offiziere.

Anfang August 1900.

Ein deutscher Offizier berichtet in einem Briefe an seine Angehörigen über eine Ansprache an die Offiziere eines ausfahrenden Truppentransportes: „Die Ansprache, die Seine Majestät nun an uns richtete, kennt ihr nicht, und ich schreibe sie euch daher, wie wir sie uns alle genau gemerkt und dann gemeinsam zusammengestellt haben.“ Der Brief wurde dem „Berliner Lokal-Anzeiger“ zur Veröffentlichung übergeben. Da so die Rede ihrem wesentlichen Inhalte nach bekannt geworden ist, darf sie hier nicht fehlen. Sie lautet:

Sie gehen ernsten Sachen entgegen.

Ganz gegen Meine Absicht haben sich die Verhältnisse in China bis aufs äußerste zugespitzt. Ich beabsichtigte vor vier Jahren der Welt durch Meine Zeichnung: „Völker Europas, wahret eure heiligsten Güter!“ da sich die Worte zu leicht verwischen, einen Fingerzeig zu geben, aber Meine Warnungen blieben unbeachtet. Die Verhältnisse, so wie sie liegen, haben ihren Grund in der gänzlichen Unterschätzung des Gegners. Hätten die Gesandten die Gärung im Volke geahnt und besser zu schätzen gewußt, so würden sie sich bei den Truppen ihrer Regierungen in Sicherheit gebracht haben. **Ruhen Sie nicht eher, als bis der Gegner, zu Boden geschmettert, auf den Knieen um Gnade fleht.**

Damit Sie, Meine Herren, wenn Sie von andern, fremdherrlichen Offizieren gefragt werden, Bescheid wissen, will Ich Ihnen gleich Meine politischen Absichten sagen: Unterdrückung des Aufstandes, exemplarische Bestrafung der Aufrührer, Wiederherstellung des status quo ante, Einsetzung einer starken Regierung, die uns die nötigen schriftlichen

Garantien dafür bieten kann, daß solche Zustände nicht wieder eintreten. Wer das sein wird, weiß Ich noch nicht; es heißt ja auch, die Kaiserin sei schon geflohen. Außerdem scheint neben dem Chinesenaufstand auch ein Mandschuaufstand ausgebrochen zu sein. Einer Aufteilung des weiten chinesischen Reiches werde Ich Mich auf das entschiedenste widersetzen; daran ist nach Meiner Meinung vorläufig ganz und gar nicht zu denken, denn das würde noch zu vielen anderweitigen Verwicklungen Anlaß geben. Der Chinese ist nun einmal an eine zentrale Regierung gewöhnt. So ist es unter dem bisherigen Kaiserreich uns und unserm Handel am günstigsten.

Was nun Ihren Feldzug anbelangt, so hüten Sie sich vor allem vor Unterschätzung des Gegners. Der Chinese ist, wie uns Hauptmann Maupe gesagt, ein braver Soldat, der auch am Schießen Freude hat, und in der Hand tüchtiger Führer ein nicht zu unterschätzender Gegner, mit den modernsten Waffen ausgerüstet und gut von europäischen Instruktoren ausgebildet. Herr Major! Sie werden die Herren eingehend über das, über die Taktik und die Fechtart der Chinesen instruieren. Bilden Sie sich stets ein, einen gleichwertigen europäischen Gegner vor sich zu haben. Aber vergessen Sie auch seine Hinterlist nicht. Behandeln Sie ihn gut, denn er ist um die Finger zu wickeln; aber er hat ein zu ausgeprägtes Gerechtigkeitsgefühl, um scheinbar ungerechte Schläge und schlechte Behandlung zu ertragen. Vor allem warne Ich vor Zersplitterung der Kräfte; denn Admiral Seymour würde es nicht so ergangen sein, wenn er nicht mit 1000 Mann gegen eine Millionenstadt vorgegangen und außerdem besser unterrichtet gewesen wäre, was um so bedauerlicher ist, als Seymour schon als Seekadett bei Einnahme der Takuforts mitgekämpft hat und die Erfahrungen, die er vor vierzig Jahren gemacht hat, auf seine jetzige Lage hätte übertragen müssen.

Eins möchte Ich Ihnen noch ans Herz legen, Meine Herren. Wir können darin von den Engländern lernen, die hierin sehr praktisch sind und gerade in den letzten Monaten viele Truppentransporte gehabt haben. Machen Sie mit Ihren Leuten recht viele Laufspiele, damit sie nicht mit erschlafftem Körper nach dem guten Essen und der geringen Bewegung plötzlich in die größten Anstrengungen hineinkommen.

Im Verkehr mit Offizieren anderer Nationen fallen selbstverständlich alle politischen Gefühle weg. Ob Engländer oder Russe, Franzose oder Japaner, wir kämpfen alle gegen denselben Feind, zur Aufrechterhaltung der Zivilisation, wir besonders für unsere Religion.

Machen Sie dem deutschen Namen, der Flagge und Mir Ehre. Und nun, Meine Herren, glückliche Reise!

Wilhelm II. und die gelbe Gefahr.

Die Vision eines Hellsehers. (Le Grelot, 6. März 1904.)

Ansprache an Werftarbeiter.

3. August 1900.

Der Kaiser verteilt in Bremerhaven an je fünfzehn Arbeiter der Hamburg-Amerika-Linie und des Norddeutschen Lloyd Ehrenzeichen und richtet dabei folgende Worte an die Leute:

Ihr seid hier versammelt worden, um Meinen Kaiserlichen Dank zu empfangen für die Hingabe und Aufopferung, mit der ihr an der Fertigstellung der Dampfer für Meine Offiziere und Soldaten gearbeitet habt. Dank eurem rastlosen Bemühen ist die prompte und pünktliche Absendung der Transporte möglich geworden.

Dadurch habt ihr es einmal ermöglicht, daß unsere Truppen möglichst schnell auf den Kampfplatz kommen, zum andern habt ihr unsere Leistungsfähigkeit auf diesem bisher von uns noch nicht betretenen Gebiete vor der ganzen Welt ins beste Licht gesetzt und dadurch nach beiden Richtungen hin unserem Vaterlande unschätzbare Dienste erwiesen.

Die Auszeichnungen, die Ich euch dafür verleihe, sollen Meine Anerkennung sein, aber auch zugleich der Ausdruck Meiner Zufriedenheit, daß ihr nicht dem schlechten Beispiele der durch vaterlandslose Agitatoren verführten Arbeiter in Hamburg gefolgt seid, sondern den Patriotismus des deutschen Arbeiters fleckenlos gewahrt und wacker mitgearbeitet habt für die Schlagfertigkeit unserer braven Armee.

Ehrlos ist der, der im Moment der Gefahr sein Vaterland im Stich läßt! Erhaltet euch den guten deutschen Geist, den ihr bewiesen habt, dann wird der Dank des deutschen Volkes und Meine Anerkennung euch nie fehlen!

An Ablösungsmannschaften für Kiautschou.

4. März 1901.

Der Kaiser nahm in Wilhelmshaven zusammen mit dem Prinzen Heinrich an der Vereidigung der Marinerekruten teil und richtete dann an die für das Schutzgebiet Kiautschou bestimmten Ablösungsmannschaften folgende Ansprache:

Soldaten! Ihr fahrt hinüber in ein fremdes Land, welches durch die Ereignisse der letzten Monate erfahren hat, was deutsche Disziplin, deutsche Tapferkeit und deutsche Manneszucht bedeuten. Der Fremde hat erfahren, was es heißt, den deutschen Kaiser und seine Soldaten beleidigen. Eine ernste Lehre ist unserem Feinde erteilt worden, und alle Nationen haben kennen gelernt, wie deutsche Soldaten kämpfen, siegen und sterben. Alle haben Achtung vor unserer Kriegskunst und Ausbildung bekommen. Möget ihr denn in der Fremde tadellose Manneszucht, Gehorsam, Tapferkeit und alle guten Eigenschaften an Geist und Körper bekunden. Möget ihr dafür sorgen, daß der Ruhm des Vaterlandes auf der ganzen Erde bekannt werde, daß das Wappenschild der Armee und Marine unversehrt und die Fahnen unbefleckt erhalten bleiben. Ich erwarte, daß ihr dasselbe leistet wie eure Kameraden, die auswärts sind.

Betriebsamkeit kann dem Unsittlichen die Seele ersetzen, seine Welt fühlt sich, weil sie sich dreht. Man feiert die eigene Tüchtigkeit wie ein Verdienst um den Geist der Menschheit. Sie aber zeigt sich beleidigt. Zu viel Tüchtigkeit ist Angriff. Die aggressive Wirkung dieser vom Reich verfälschten Deutschen ward meist nur ihren Manieren zugeschrieben, ihrer unbeirrbaren Jahrtausendfresse, ihrem allumfassenden Dünkel: — „Die deutsche Wissenschaft“, „Die deutsche Musik“ erledigten die ganze Welt, genau wie „Das deutsche Heer“. Das Wesentliche blieb dennoch ihre Betriebsamkeit. Was war ihr Kaiser? Betriebsam.

(Heinrich Mann, Kaiserreich und Republik, 1919.)

Eine indirekte Majestätsbeleidigung.

— Die Gendarmen: Was? Heute, am Geburtstag des Kaisers, eßt ihr Kartoffeln und Heringe? Vaterlandslose Gesellen! Sofort schafft Kalbsbraten an! Sonst werdet ihr wegen Majestätsbeleidigung bestraft.

Süddeutscher Postillon, München 1899.

Festkommers in Bonn.

24. April 1901.

Am Vormittag ist der Kronprinz immartikuliert worden. Abends findet im Beethovensaale ein Festkommers des Bonner S. C. statt. Der Kaiser erscheint pünktlich um 8 Uhr in Begleitung des Kronprinzen und seines Schwagers, des Prinzen Adolf von Schaumburg-Lippe. Nach dem zweiten allgemeinen Liede richtet der Leiter des Kommerses, Studiosus v. Alvensleben, eine Huldigungsansprache an den Kaiser.

Der Kaiser antwortet:

Es bedarf wohl für Sie, Meine lieben jungen Kommilitonen, nicht besonderer Erwägung oder Betonung, welche Gefühle Mein Herz durchzittern, wenn Ich Mich im lieben Bonn wieder unter Studenten finde. Es entrollt sich vor Meines Geistes Augen das herrlich schimmernde Bild voll

Sonnenscheins und glücklicher Zufriedenheit, welches die Zeit Meines Hierseins damals erfüllte. Freude am Leben, Freude an den Leuten, alt wie jung, und vor allem Freude am eben erstarkenden jungen Deutschen Reiche!

So ist denn auch der Wunsch, der Mich vor allem jetzt erfüllt, in dem Augenblick, da ich Meinen teuren Sohn in Ihre Mitte reihte, daß ihm eine ebenso glückliche Studienzeit beschieden sein möge, wie Mir einst geworden. Und wie sollte das auch eigentlich anders möglich sein! Ist doch Bonn, die liebliche Stadt, so gewöhnt an das Treiben lebensfroher Jünglinge, und von Natur wie dazu geschaffen! Findet der Kronprinz doch Erinnerungen an seinen herrlichen Großvater, der nimmer Bonns vergessen konnte — sein gütig Auge leuchtete, wenn der Name der ihm so lieb gewordenen Stadt genannt wurde — an seinen Urgroßvater, den edlen Prinzgemahl, den Lebensgefährten jener jetzt verklärten königlichen Frau, die stets ein friedliches und freundliches Verhältnis zwischen ihrem und unserm Volk angestrebt hat, die ja beide germanischen Stammes sind, und an so manchen andern edlen deutschen Fürsten, der hier seine Vorbereitung für seinen späteren Beruf durchlaufen hat.

Aber weiter noch: Bonn liegt ja am Rhein! Da wachsen unsre Reben, ihn umschweben auch unsre Sagen und da redet jede Burg, jede Stadt von unsrer Vergangenheit! Vater Rhein mit seinem Zauber soll auch auf den Kronprinzen und Sie seine Wirkung üben. Und wenn der Becher fröhlich kreist und ein frisches Lied erschallt, dann soll Ihr Geist sich voll des schönen Augenblicks erfreuen und darinnen aufgehen, wie es lebensmutigen deutschen Jünglingen ziemt! Doch die Quelle, aus welcher Sie Ihre Freude schöpfen, sei so rein und lauter wie der goldene Saft der Reben, sie sei tief und nachhaltig wie der Vater Rhein! Blicken wir umher im wonnigen Rheinland, da steigt vor uns unsre Geschichte in greifbarer Gestalt empor! Ja freuen sollen Sie sich, daß Sie junge Deutsche sind, beim Durchziehen der Strecke von Aachen bis Mainz, d. h. von Carolus magnus bis zur Glanzzeit Deutschlands unter Barbarossa!

Aber warum ward nichts aus all der Herrlichkeit? Warum sank das Deutsche Reich dahin? Weil das alte Reich nicht auf streng nationaler Basis begründet war. Der Universalgedanke des alten römischen Reichs deutscher Nation ließ eine Entwicklung im deutschnationalen Sinne nicht zu. Das Wesen der Nation ist die Abgrenzung nach außen, die Persönlichkeit eines Volkes, seiner Rasseneigentümlichkeit entsprechend. So mußte Barbarossas Glanz erbleichen und des alten Reiches Bestand zerfallen, weil es durch seinen Universalismus an dem Kristallisationsprozeß zur Nation gehindert ward und zwar zur Nation im Ganzen. Denn kleinere Kerne kristallisierten sich in Form starker Fürstentümer und gaben den Grundstock für neue Staatengebilde ab. Aber dadurch mußten sie und ihre Oberhäupter leider in Konflikt mit dem dem Universalismus dienenden Kaiser und Reich gelangen, und es ging der innere Friede dem stets schwächer werdenden Reich verloren. Leider muß auch über diese Entwicklungsphase unsres deutschen Volkes das schwerwiegende Wort des großen Kenners Germaniens Tacitus geschrieben werden: „Propter invidiam!" Die Fürsten neideten den Kaisern ihre Macht wie einst dem Arminius, trotz seines Sieges. Der Adel neidete die reich gewordenen Städte und der Bauer den Adel. Was für unselige Folgen und welch schweres Unheil hat unser liebes schönes Deutschland „Propter invidiam" erlitten! Davon können die Gestade Vater Rheins etwas erzählen! Nun, was damals nicht gelang, Gott gab es Einem zu vollbringen!

Aachen und Mainz sind uns historische Erinnerungen; aber das Sehnen nach dem Zusammenschluß zu einer Nation blieb in des Deutschen Busen, und Kaiser Wilhelm der Große vollbrachte es im Verein mit seinen treuen Dienern. Drum nach Koblenz aufs deutsche Eck den Blick und nach Rüdesheim zum Niederwald! Die Bilder lehren und beweisen Ihnen, daß Sie jetzt Germanen sind in deutschem Land, Bürger einer streng begrenzten deutschen Nation, an deren Heil und Entwicklung in Zukunft mitzuarbeiten Sie alle zur Vorbereitung hier sind. Herrlich emporgeblüht steht das Reich vor Ihnen. Freude und dankbare Wonne erfülle Sie, und der feste, mannhafte Vorsatz, als Germanen an Germanien zu arbeiten, es zu heben, stärken, tragen, durchglühe Sie! Die Zukunft erwartet Sie und wird Ihre Kräfte gebrauchen. Aber nicht um sie in kosmopolitischen Träumereien zu verschwenden oder in den Dienst einseitiger Parteitendenzen zu stellen, sondern um die Festigkeit des nationalen Gedankens und um unsre Ideale zu pflegen. Gewaltig sind die Geistesheroen, welche der Stamm der Germanen durch Gottes Gnade hat hervorbringen dürfen, von Bonifacius und Walther von der Vogelweide bis auf Goethe und Schiller, und sie sind zum Lichte und Segen der ganzen Menschheit geworden. Sie wirkten „universal" und waren doch streng in sich selbst abgeschlossene Germanen, d. h. Persönlichkeiten, Männer! Die brauchen wir auch heute mehr als je! Mögen Sie auch dahin streben, solche zu werden!

Wie soll das aber möglich sein, wer soll Ihnen dazu verhelfen? Nun einer, dessen Namen wir alle tragen, der unsre Sünden getragen und ausgetilgt, der uns vorgelebt und gearbeitet wie wir arbeiten sollen, unser Heiland und Herr, der pflanze den sittlichen Ernst in Sie, daß Ihre Triebfedern stets lauter und Ihre Ziele stets hehre seien! Die Liebe zu Vater und Mutter, zum Vaterhaus und Vaterland wurzelt in der Liebe zu ihm! Dann werden sie gefeit gegen Verlockungen jeder Art, vor allem gegen die Eitelkeit und den Neid und dann können Sie singen und sagen: „Wir Deutschen fürchten Gott, sonst nichts auf dieser Welt." Dann werden wir auch fest und kulturspendend in der Welt dastehen, und Ich werde ruhig Meine Augen schließen, sehe Ich eine solche Generation um Meinen Sohn geschart heranwachsen. Dann Deutschland, Deutschland über alles! In dieser Zuversicht rufe Ich: Es lebe die Universität Bonn!

In einem Interview, das von der Londoner Zeitung „Daily Telegraph“ am 28. Oktober 1908 veröffentlicht wurde, sagte Wilhelm II. u.a.:
„Ihr Engländer . . . seid verrückt, verrückt, verrückt wie Märzhasen.“

Regatta auf der Unterelbe.

18. Juni 1901.

Nach Beendigung der Regatta auf der Unterelbe fand an Bord der Dampfjacht „Prinzessin Viktoria Luise“ der Hamburg-Amerika-Linie ein Festmahl statt. Der Bürgermeister Mönckeberg von Hamburg huldigte dem Kaiser in längerer, die Ereignisse der letztvergangenen Jahre überschauender Rede und schloß mit einem dreifachen Hoch auf den Herrscher. Der Kaiser antwortete:

Für die beredten Worte Eurer Magnifizenz sage Ich Ihnen herzlichsten Dank. Ich spreche Ihnen und allen Kameraden auf dem Wasser Meine Freude aus, daß es Mir vergönnt war, unter Ihnen wieder einmal als Teilnehmer an den Wettfahrten des Norddeutschen Regattavereins zu erscheinen.

Seine Magnifizenz schilderte uns in kurzer, markiger Ansprache das Bild der Entwicklung unsres Vaterlandes auf dem Gebiete des Wassersportes und seiner Beziehungen zum Auslande während der letzten Jahre in so trefflicher Weise, wie es besser und schöner nicht geschehen konnte. Meine ganze Aufgabe für die Zukunft wird sein, daß das, wozu jetzt die Keime gelegt worden sind, auch in Ruhe und Sicherheit aufsprießen kann.

Wir haben uns, trotzdem wir noch keine Flotte haben, so wie sie sein sollte, einen Platz an der Sonne erkämpft. Es wird nun meine Aufgabe sein, dafür zu sorgen, daß dieser Platz an der Sonne uns unbestritten erhalten bleibt, damit ihre Strahlen befruchtend wirken können auf Handel und Wandel nach außen, Industrie und Landwirtschaft nach innen und auch auf den Segelsport in den Gewässern; denn unsre Zukunft liegt auf dem Wasser.

Je mehr Deutsche auf das Wasser hinauskommen, sei

es im Wettstreite des Segelsports, sei es auf der Reise über den Ozean oder im Dienste der Kriegsflagge, desto besser für uns. Denn hat der Deutsche erst einmal gelernt, den Blick auf das Weite und Große zu richten, so verschwindet das Kleinliche, das ihn im täglichen Leben hin und wieder umfängt. Wenn man diesen hohen, freien Blick haben will, so ist wohl eine Hansastadt der geeignetste Standpunkt dafür.

Was wir vorher aus der Geschichte unsrer Entwicklung vernommen, ist doch wohl weiter nichts, als was Ich schon einmal hervorgehoben habe, als Ich Meinen Bruder hinaussandte auf die ostasiatische Station. Wir haben die Konsequenzen gezogen aus dem, was Kaiser Wilhelm der Große, mein unvergeßlicher Großvater, und der große Mann, dessen Denkmal wir soeben enthüllt haben, als ihre Schöpfung uns hinterlassen haben. Die Konsequenzen bestehen darin, daß wir dort einsetzen, wo in alter Zeit die Hansa hat aufhören müssen, weil ihr die belebende und beschützende Kraft des Kaisertums fehlte. Möge es denn nun Aufgabe Meiner Hansa sein, bis auf lange Jahre hinaus in tiefem Frieden Handel und Wandel zu fördern und zu schützen.

Ich erblicke in den Ereignissen, die sich in China abgespielt haben, die Gewähr dafür, daß der europäische Friede auf lange Jahre hinaus gesichert ist; denn die Leistungen der einzelnen Kontingente haben eine auf gegenseitiger Hochachtung und Kameradschaftlichkeit basierende Beurteilung hervorgerufen, die nur zum Bestande des Friedens beitragen kann. In diesem Frieden aber werden, so hoffe Ich, unsre Hansastädte blühen. Unsre neue Hansa wird Bahnen ziehen und ihnen neue Absatzgebiete erkämpfen und erwerben.

Da kann Ich Mich als Oberhaupt des Reiches nur über jeden Hanseaten, mag er Hamburger, Bremer oder Lübecker sein, freuen, der hinausgeht mit weitem Blick und neue Punkte sucht, wo wir den Nagel einschlagen können, um unser Rüstzeug daran aufzuhängen. Deswegen glaube Ich wohl aus Ihrer aller Herzen zu sprechen, wenn Ich mit Dank anerkenne, daß der Direktor dieser Gesellschaft, der uns das wunderbare, nach dem Namen Meiner Tochter getaufte

Schiff heute zur Verfügung gestellt hat, als kühner Unternehmer der Hansa hinausgegangen ist, um für uns friedliche Eroberungen zu machen, Eroberungen, deren Früchte dereinst unsre Enkel einheimsen.

In der freudigen Hoffnung, daß dieser unternehmende hanseatische Geist immer weiter sich ausbreiten möge, erhebe Ich Mein Glas und bitte alle diejenigen, welche Meine Kameraden auf dem Wasser sind, mit Mir einzustimmen in ein Hoch auf den Segelsport und den hanseatischen Geist.

Der Vizekönig von Indien erhielt am 3. Mai 1900 vom *Kaiser* folgendes Telegramm:
Erfüllt von tiefem Mitgefühl für das schreckliche Elend in Indien hat Berlin mit meiner Genehmigung eine Summe von über einer *halben Million Mark* aufgebracht. Ich habe Befehl gegeben, daß diese Summe nach Kalkutta geführt und Eurer Exzellenz zur Verfügung gestellt wird. Möge Indien in dieser Handlung der Hauptstadt des Deutschen Reiches das warme Gefühl von Sympathie und Liebe für Indien erblicken, das mein Volk leitete und das aus der Tatsache herrührt, daß *Blut dicker ist als Wasser.* (Schröder, S. 139.)

Die wahre Kunst.

18. Dezember 1901.

Unter den Augen des Kaiserpaares wurde in der Siegesallee des Berliner Tiergartens die letzte Gruppe unter den Denkmälern der brandenburgisch-preußischen Herrscher enthüllt, das Denkmal des Kurfürsten Johann Georg. Später fand im königlichen Schlosse ein Festmahl statt, zu dem die sämtlichen Künstler, die an der Schaffung der Denkmäler beteiligt gewesen waren, als Gäste des Kaisers erschienen. An sie richtete der Kaiser im Verlaufe der Tafel folgende Ansprache:

Der heutige 18. Dezember ist in der Geschichte unserer heimischen Berliner Kunst insofern von Bedeutung, als der hochselige Protektor der Museen, Mein verstorbener Herr Vater, und seine künstlerisch hochbegabte Gattin, Meine verehrte Mutter, heute vor 15 Jahren das Museum für Völkerkunde einweihten. Es war dies gewissermaßen die letzte große abschließende Tat, die Mein Vater nach dieser Richtung hin ausgeführt hat, und Ich betrachte es als ein besonderes Glück, daß gerade an diesem Jahrestage der Abschluß für die Arbeiten der Siegesallee hat gefunden werden können.

Ich ergreife die Gelegenheit mit Freuden, um Ihnen allen erstens Meinen Glückwunsch, zweitens Meinen Dank auszusprechen für die Art und Weise, in der Sie Mir geholfen haben, Meinen ursprünglichen Plan zu verwirklichen. Die Aufstellung des Programms für die Siegesallee hat eine Reihe von Jahren in Anspruch genommen, und der bewährte Historiograph Meines Hauses, Prof. Dr. Koser, ist derjenige gewesen, der Mich in stand setzte, überhaupt den Herren greifbare Aufgaben zu stellen.

War somit die historische Basis gefunden, so konnte nun weiter vorgeschritten werden, und nachdem die Persönlichkeiten der Fürsten festgestellt waren, konnten dann auch, auf historischer Forschung beruhend, die wichtigsten Helfer der Herren an ihrem Werke festgestellt werden. Auf diese Weise entstanden die Gruppen und, gewissermaßen durch die Historie bedingt, fand sich die Form der Gruppen.

Nachdem dieser Teil des Programms fertig war, kam natürlich das Schwierigste, das war die Frage: Wird es möglich sein, wie Ich hoffte, in Berlin so viele Künstler zu finden, die imstande sind, einheitlich zu arbeiten, um dieses Programm zu verwirklichen?

Ich hatte, als Ich an die Lösung dieser Frage herantrat, im Auge, wenn es Mir gelingen sollte, der Welt zu zeigen, daß das Günstigste für die Lösung einer künstlerischen Aufgabe nicht in der Berufung von Kommissionen, nicht in einer Ausschreibung von allen möglichen Preisgerichten und Konkurrenzen besteht, sondern daß nach altbewährter Art, wie es in der klassischen Zeit und so auch später im Mittelalter gewesen, der direkte Verkehr des Auftraggebers mit dem Künstler die Gewähr bietet für eine günstige Gestaltung des Werkes und für ein gutes Gelingen der Aufgabe.

Ich bin deshalb dem Professor Reinhold Begas besonders zu Dank verpflichtet, daß, als Ich mit diesem Gedanken an ihn herantrat, er Mir ohne weiteres erklärte, es sei absolut kein Zweifel, daß in Berlin sich allemal Künstler genug finden würden, um eine solche Idee ohne Schwierigkeiten zum Austrag zu bringen, und mit seiner Hilfe und auf Grund der Bekanntschaften, die Ich in hiesigen Bildhauerkreisen durch Besuche von Ausstellungen und Ateliers gewonnen hatte, ist es Mir in der Tat gelungen, den Stab zusammenzufinden, von dem Ich den größten Teil heute um Mich versammelt sehe, um mit ihm an diese Aufgabe heranzugehen.

Ich glaube, Sie werden Mir das Zeugnis nicht versagen können, daß Ich im Hinblick auf das von Mir entwickelte Programm Ihnen die Behandlung desselben so leicht wie möglich gemacht habe, daß Ich Ihnen die Aufgabe im allgemeinen gestellt und begrenzt, im übrigen aber Ihnen die absolute Freiheit gegeben habe, nicht nur die Freiheit in der Kombination und Komposition, sondern gerade die Freiheit, das von sich hineinzulegen, was jeder Künstler tun muß, um erst dem Kunstwerk sein eigenes Gepräge zu verleihen; denn ein jedes Kunstwerk birgt immer ein Körnchen vom eigenen Charakter des Künstlers in sich. Ich glaube, daß, wenn Ich es so nennen darf, dieses Experiment nun, wo die Siegesallee vollendet ist, als gelungen betrachtet werden darf.

Es hat nur des Verkehrs benötigt zwischen dem Auftraggeber und den ausführenden Künstlern, um jeden Zweifel zu beseitigen und jede Frage zu beantworten, und es haben sich Schwierigkeiten größerer Art nicht gezeigt. Ich glaube daher, daß wir auf. die Siegesallee von diesem Standpunkte aus mit Befriedigung allerseits zurückblicken können. Sie haben, ein jeder in seiner Art, Ihre Aufgabe so gelöst, wie Sie es konnten, und Ich habe das Gefühl, daß Ich Ihnen dazu das vollste Maß der Freiheit und Muße überlassen habe, wie Ich es für den Künstler für notwendig halte. Ich bin nie in Details hineingegangen, sondern habe Mich begnügt, einfach die Direktive, den Anstoß zu geben.

Aber mit Stolz und Freude erfüllt Mich am heutigen Tage der Gedanke, daß Berlin vor der ganzen Welt dasteht mit einer Künstlerschaft, die so Großartiges auszuführen vermag. Es zeigt das, daß die Berliner Bildhauerschule auf einer Höhe steht, wie sie wohl kaum je in der Renaissancezeit schöner hätte sein können. Und Ich denke, jeder von Ihnen wird neidlos zugestehen, daß das werktätige Beispiel von Reinhold Begas und seine Auffassung, beruhend auf der Kenntnis der Antike, vielen von Ihnen ein Führer in der Lösung der großen Aufgabe gewesen ist.

Auch hier könnte man eine Parallele ziehen zwischen den großen Kunstleistungen des Mittelalters und der Italiener, daß der Landesherr und kunstliebende Fürst, der den Künstlern die Aufgaben darbietet, zugleich die Meister gefunden hat, an die sich eine Menge junger Leute angeschlossen haben, so daß sich eine bestimmte Schule daraus entwickelte, die Vortreffliches zu leisten vermochte.

Nun, meine Herren, am heutigen Tage ist auch zu gleicher Zeit in Berlin das Pergamon-Museum eröffnet worden. Auch das betrachte Ich als einen sehr wichtigen Abschnitt unserer Kunstgeschichte und als gutes Omen und glückliches Zusammentreffen. Was in diesen Räumen dem staunenden Beobachter dargeboten wird, das ist eine solche Fülle von Schönheit, wie man sie sich gar nicht herrlicher vereint vorstellen kann.

Wie ist es mit der Kunst überhaupt in der Welt? Sie nimmt ihre Vorbilder, schöpft aus den großen Quellen der Mutter Natur, und diese, die Natur, trotz ihrer großen, scheinbar ungebundenen, grenzenlosen Freiheit, bewegt sich doch nach den ewigen Gesetzen, die der Schöpfer sich selbst gesetzt hat, und die nie ohne Gefahr für die Entwicklung der Welt überschritten oder durchbrochen werden können.

Ebenso ist's in der Kunst; und beim Anblick der herrlichen Überreste aus der alten klassischen Zeit überkommt einen auch wieder dasselbe Gefühl; hier herrscht auch ein ewiges, sich gleich bleibendes Gesetz: das Gesetz der Schönheit und Harmonie, der Ästhetik. Dieses Gesetz ist durch die Alten in einer so überraschenden und überwältigenden Weise, in einer so vollendeten Form zum Ausdruck gebracht worden, daß wir in allen modernen Empfindungen und allem unseren Können stolz darauf sind, wenn gesagt wird bei einer besonders guten Leistung: „Das ist beinahe so gut, wie es vor 1900 Jahren gemacht worden ist."

Aber beinahe! Unter diesem Eindrucke möchte Ich Ihnen dringend ans Herz legen: noch ist die Bildhauerei zum größten Teile rein geblieben von den sogenannten modernen Richtungen und Strömungen, noch steht sie hoch und hehr da — erhalten Sie sie so, lassen Sie sich nicht durch Menschenurteil und allerlei Windlehre dazu verleiten, diese großen Grundsätze aufzugeben, worauf sie auferbaut ist!

Eine Kunst, die sich über die von Mir bezeichneten Gesetze und Schranken hinwegsetzt, ist keine Kunst mehr, sie ist Fabrikarbeit, ist Gewerbe, und das darf die Kunst nie werden. Mit dem viel mißbrauchten Worte „Freiheit" und unter seiner Flagge verfällt man gar oft in Grenzenlosigkeit, Schrankenlosigkeit, Selbstüberhebung. Wer sich aber von dem Gesetz der Schönheit und dem Gefühl für Ästhetik und Harmonie, die jedes Menschen Brust fühlt, ob er sie auch nicht ausdrücken kann, loslöst und in Gedanken in einer besonderen Richtung, einer bestimmten Lösung mehr technischer Aufgaben die Hauptsache erblickt, der versündigt sich an den Urquellen der Kunst.

Aber noch mehr: Die Kunst soll mithelfen, erzieherisch auf das Volk einzuwirken, sie soll auch den unteren Ständen nach harter Mühe und Arbeit die Möglichkeit geben, sich an den Idealen wieder aufzurichten. Uns, dem deutschen Volke, sind die großen Ideale zu dauernden Gütern geworden, während sie anderen Völkern mehr oder weniger verloren gegangen sind. Es bleibt nur das deutsche Volk übrig, das an erster Stelle berufen ist, diese großen Ideen zu hüten, zu pflegen, fortzusetzen, und zu diesen Idealen gehört, daß wir den arbeitenden, sich abmühenden Klassen die Möglichkeit geben, sich an dem Schönen zu erheben und sich aus ihren sonstigen Gedankenkreisen heraus- und emporzuarbeiten.

Wenn nun die Kunst, wie es jetzt vielfach geschieht, weiter nichts tut, als das Elend noch scheußlicher hinzustellen, wie es schon ist, dann versündigt sie sich damit am deutschen Volke. Die Pflege der Ideale ist zugleich die größte Kulturarbeit, und wenn wir hierin den anderen Völkern ein Muster sein und bleiben wollen, so muß das ganze Volk daran mitarbeiten, und soll die Kultur ihre Aufgabe voll erfüllen, dann muß sie bis in die untersten Schichten des Volkes hindurchgedrungen sein. Das kann sie nur, wenn die Kunst die Hand dazu bietet, wenn sie erhebt, statt daß sie in den Rinnstein niedersteigt.

Ich empfinde es als Landesherr manchmal recht bitter, daß die Kunst in ihren Meistern nicht energisch genug gegen solche Richtungen Front macht. Ich verkenne keinen Augenblick, daß mancher strebsame Charakter unter den Anhängern dieser Richtungen ist, der vielleicht von den besten Absichten erfüllt ist, er befindet sich aber doch auf falschem Wege. Der rechte Künstler bedarf keiner Marktschreierei, keiner Presse, keiner Konnexionen. Ich glaube nicht, daß Ihre großen Vorbilder auf dem Gebiete der Wissenschaft weder im alten Griechenland, noch in Italien, noch in der Renaissancezeit je zu einer Reklame, wie sie jetzt durch die Presse vielfach geübt wird, gegriffen haben, um ihre Ideen besonders in den Vordergrund zu rücken. Sie haben gewirkt, wie Gott es ihnen eingab, im übrigen haben sie die Leute reden lassen.

Und so muß auch ein ehrlicher, rechter Künstler handeln. Die Kunst, die zur Reklame heruntersteigt, ist keine Kunst mehr, mag sie hundert- und tausendmal gepriesen werden. Ein Gefühl für das, was häßlich oder schön ist, hat jeder Mensch, mag er noch so einfach sein, und dieses Gefühl weiter im Volke zu pflegen, dazu brauche Ich Sie alle, und daß Sie in der Siegesallee ein Stück solcher Arbeit geleistet haben, dafür danke Ich Ihnen ganz besonders.

Das kann Ich Ihnen jetzt schon mitteilen: der Eindruck, den die Siegesallee auf den Fremden macht, ist ein ganz überwältigender, überall macht sich ein ungeheurer Respekt für die deutsche Bildhauerei bemerkbar. Mögen Sie auf dieser Höhe stets stehen bleiben, mögen auch Meinen Enkeln und Urenkeln, wenn sie Mir dereinst erstehen werden, die gleichen Meister zur Seite stehen! Dann, bin Ich überzeugt, wird unser Volk in der Lage sein, das Schöne zu lieben und das Ideale stets hochzuhalten.

Ich erhebe Mein Glas und trinke auf Ihrer aller Wohl, und nochmals Meinen herzlichsten Dank.

Und nun Gottes Segen und unseres Heilands Stärkung zum neuen Jahr 1902 wünsche ich meinem Streitkumpan und Bundesgenossen im Kampf für Germanen gegen Rom, Jerusalem usw. Das Gefühl, für eine absolut gute, göttliche Sache zu streiten, birgt die Gewähr des Sieges! Sie schwingen Ihre Feder, ich meine Zunge, schlage auf meinen Pallasch und sage trotz aller Angriffe und Nörgeleien

dennoch!

Ihr treu dankbarer Freund Wilhelm I.R.

(H. St. Chamberlain, Briefwechsel mit Kaiser Wilhelm II., München. 1928.)

Mehr als einmal vernahm man aus dem Munde des Landesherrn den Ausspruch, die moderne Kunst strebe nach dem Häßlichen, dem Niedrigen und Gemeinen, sei „Rinnsteinkunst". die wohl gar sozialdemokratischer Anwandlungen verdächtig erscheint.

(Wilhelm II. und die Schwarzseher, 9. Auflage 1919. S. 148.)

Wilhelm II. äußerte sich in einer Rede ungefähr folgendermaßen: „Paul Cassirer, der die Dreckkunst aus Paris zu uns bringen möchte . . ."

(Tilla Durieux, Eine Tür steht offen, Berlin 1954.)

In Aachen.

19. Juni 1902.

Von Bonn aus begab sich das Kaiserpaar nach Aachen und hielt dort nebst dem Kronprinzen feierlichen Einzug. Zunächst wurde der Münster besucht. Dort erwiderte der Kaiser auf eine Ansprache des Prälaten Dr. Bellesheim folgendes:

Ich danke dem Stiftskapitel von ganzem Herzen für diese herrliche Ansprache, die Ich soeben hier vernommen habe. Wenn alle Geistlichen Ihrer Konfession im deutschen Lande so denken wie Sie, dann ist es um die Zukunft des Vaterlandes wohl bestellt.

Es ist Mir eine hohe Freude, daß Ich das Werk der Fortführung der Ausschmückung Ihrer Kirche persönlich fördern und beschützen kann, es ist eine Fortführung im Sinne Meiner Vorfahren. Schon Mein hochseliger Großvater und Mein Herr Vater empfanden es als ihre notwendige Pflicht, diesem schönen Gotteshause seinen Glanz wieder zu verleihen, den es dereinst besessen hat, und wir führen nur das Werk fort, welches Karl der Große einstens angefangen hat.

Durch alle Jahrhunderte geht bei den Germanen ein Zug durch ihr Empfinden hindurch, die Liebe zur Natur, die uns der Schöpfer ins Herz gepflanzt hat, als echt germanisches Erbteil. Dieselbe übertrugen sie in ihre Kunst zum Schmucke ihrer Gotteshäuser, und von den dadurch entstandenen Vorbildern kann kein Deutscher sich losmachen, und für den Landesherrn wird ihr Schutz zur Pflicht. Ich werde froh sein, wenn der Himmel Mir gestattet, am Abend Meines Lebens noch die Vollendung dieser Kirche erleben zu können."

Der zweite Besuch galt dem Rathause. Im Krönungssaale begrüßte Oberbürgermeister Veltmann den Kaiser. Dieser antwortete mit folgender Rede:

Im Namen Ihrer Majestät der Kaiserin und in Meinem Namen spreche Ich Ihnen von ganzem Herzen und tiefbewegt Unseren Dank aus für den unbeschreiblich patriotischen, begeisterten Empfang, den alle Teile der Stadt Aachen Uns bereiteten. Es war Mir ein Herzensbedürfnis, die Stadt

Aachen zu besuchen, und Ich danke Ihnen für die Gelegenheit, die Sie Mir durch die Einladung geboten.

Wer sollte auf einem so historischen Boden, wie es Aachen ist, nicht mächtig erfaßt werden von dem Wehen, von dem Rauschen der Vergangenheit und der Gegenwart! Wer sollte nicht an eine Fügung des Himmels denken, wenn er die Geschichte der Jahrhunderte überblickt, die unser Vaterland durchgemacht hat in Verbindung mit Aachen!

Aachen ist die Wiege des deutschen Kaisertums, denn hier richtete Karl der Große seinen Stuhl auf, und von seinem Glanze gewann auch die Stadt Aachen einen Widerschein. So bedeutend, so groß war die Figur dieses gewaltigen germanischen Fürsten, daß von Rom ihm die Würde der alten römischen Cäsaren angetragen und er auserſehen ward, die Erbschaft des Imperii Romani anzutreten, gewiß eine großartige Anerkennung für die Leistungsfähigkeit unseres eben erst in der Geschichte auftretenden germanischen Stammes; denn entsunken war das römische Zepter den Händen der Cäsaren und ihrer Nachfolger, zerbröckelt und morsch wankte der römische Bau, und erst das Erscheinen der siegesfrohen Germanen mit ihrem reinen Gemüte war imstande, die Weltgeschichte den neuen Lauf zu weisen, den sie bisher genommen. Da verstand es sich von selbst, daß der gewaltige Karl, der große Frankenkönig, die Blicke Roms auf sich lenkte, welches in ihm seinen Schutz und Hort erblickte.

Allein die Aufgabe, das Amt des römischen Kaisers mit der Würde und Bürde des germanischen Königs zu verbinden, war zu schwer. Was er mit seiner gewaltigen Persönlichkeit vermochte, das versagte das Geschick seinen Nachfolgern, und unter der Sorge um das Welt-Imperium verloren die späteren Kaisergeschlechter das germanische Volk und Land aus dem Auge; sie zogen gen Süden, um das Welt-Imperium aufrecht zu erhalten, und vergaßen darob Germaniens. So mußte allmählich unser deutsches Land und Volk verkommen.

Gleich wie bei der Aloe, wenn sie ihre Blüte treibt, die ganze Kraft der Pflanze sich zu dieser einen Aufgabe aufrafft und, hoch emporstrebend, Blüte auf Blüte entwickelt und das Auge des staunenden Beschauers fesselt, derweilen nun die

Pflanze selber zusammenbricht und ihre Wurzel verdorrt; so erging es auch dem römischen Kaisertum deutscher Nation.

Nunmehr ist ein anderes Kaisertum entstanden. Dem deutschen Volke ist sein Kaiser wieder geworden, den es sich selbst geholt hat. Mit dem Schwert in der Faust auf dem Schlachtfelde ist die Krone erworben, und das Reichspanier flattert wieder hoch in den Lüften. Aus derselben Begeisterung und Liebe, mit der das deutsche Volk an seiner alten Kaiseridee gehangen hat, ist das neue Kaiserreich ins Leben getreten; allein die Aufgaben sind jetzt andere. Nach außen beschränkt auf die Grenzen unseres Landes, um uns von neuem innerlich stählend, auf die Aufgaben vorzubereiten, die unserem Volke jetzt werden und die im Mittelalter nicht erfüllt werden konnten.

Und so sehen wir denn das Reich, obwohl noch jung, sich in sich selbst von Jahr zu Jahr kräftigen, während das Vertrauen zu ihm von allen Seiten immer stärker sich befestigt. Das mächtige deutsche Heer aber gewährt einen Rückhalt dem Frieden Europas. Dem Charakter der Germanen entsprechend, beschränken wir uns nach außen, um nach innen unbeschränkt zu sein; weithin zieht unsere Sprache ihre Kreise auch über die Meere, weithin geht der Fluß unserer Wissenschaft und Forschung, kein Werk ist auf dem Gebiete der neueren Forschung, welches nicht in unserer Sprache abgefaßt würde, und kein Gedanke entspringt der Wissenschaft, der nicht von uns zuerst verwertet würde, um nachher von anderen Nationen angenommen zu werden. Und dieses ist das Welt-Imperium, das der germanische Geist anstrebt. Wollen wir nun nach jeder Richtung den weiteren großen Aufgaben gerecht werden, dann dürfen wir nicht vergessen, daß der Urgrund, auf dem das Reich entstanden ist, wurzelt in der Einfachheit und Gottesfurcht, sowie in den hohen sittlichen Anschauungen unserer Vorfahren. Wie hat die prüfende Hand unseres Gottes zu Anfang des vorigen Jahrhunderts auf unserem Lande gelegen, und mächtig hat der Arm der Vorsehung das Eisen geschmiedet und geschweißt am Ofen des Elends, bis die Waffe fertig wurde.

So erwarte Ich auch von Ihnen allen, daß Sie Mir

helfen werden, ob Geistliche oder Laien, die Religion im Volke aufrecht zu erhalten. Zusammen müssen wir arbeiten, um dem germanischen Stamme seine gesunde Kraft und seine sittliche Grundlage zu erhalten. Das geht aber nur, wenn man ihm die Religion erhält, und das gilt in gleicher Weise für beide Konfessionen.

Um so größer ist heute Meine Freude, den Herren der Kirche, die hier vertreten sind, eine Nachricht zu bringen, die Ihnen mitteilen zu können Ich stolz bin. Hier steht der General v. Loë, ein treuer Diener seiner Könige. Er ward von hier gesandt nach Rom zum Jubiläum des heiligen Vaters, und als er ihm Meine Glückwünsche und Meine Jubelgabe überbrachte und ihm in intimem Gespräch Aufschluß gab, wie es aussieht in unseren deutschen Landen, hat ihm der heilige Vater geantwortet, er freue sich ihm sagen zu können, daß er stets hoch gedacht von Frömmigkeit der Deutschen, zumal des deutschen Heeres, er könne ihm aber noch mehr sagen und das solle er seinem Kaiser bestellen. Das Land in Europa, wo noch Zucht und Ordnung und Disziplin herrsche, Respekt vor der Obrigkeit, Achtung vor der Kirche, und wo jeder Katholik ungestört und frei seinem Glauben leben könne, das sei allein das Deutsche Reich, und das danke er dem deutschen Kaiser.

Dies, Meine Herren, berechtigt Mich zu dem Ausspruch, daß unsere beiden Konfessionen nebeneinander das eine große Ziel im Auge behalten müssen, die Gottesfurcht und die Ehrfurcht vor der Religion zu erhalten und zu stärken. Ob wir moderne Menschen sind, ob wir auf diesem oder jenem Gebiete wirken, ist einerlei. Wer sein Leben nicht auf die Basis der Religion stellt, ist verloren.

Und so will auch Ich, da an diesem Tage, an diesem Orte es sich ziemt, nicht nur zu reden, sondern auch zu geloben, Mein Gelöbnis hiermit aussprechen, das Ich das ganze Reich, das ganze Volk und Mein Heer, symbolisch durch diesen Kommandostab vertreten, Mich selbst und Mein Haus unter das Kreuz stelle und unter den Schutz dessen, von dem der große Apostel Petrus gesagt: „Es ist in keinem Anderen Heil, es ist auch kein anderer Name den Menschen gegeben worden, darinnen sie sollen selig werden," und der von sich selbst gesagt hat: „Himmel und Erde werden vergehen, aber meine Worte vergehen nicht!"

Ich trinke auf das Wohl der Stadt Aachen in der festen Überzeugung, daß die Worte, die Ich gesprochen, in ihr einen guten Boden finden werden, wie Mich ja auch das, was Ich hier von der Bürgerschaft dieser Stadt von alt und jung gesehen, sicher macht, daß auch in der Zukunft in ihren Mauern Unser Haus und Unser Thron eine feste Stütze finden wird.

Die Stadt Aachen lebe Hoch! — Hoch! — Hoch!

Wilhelm II. in der Vorstellung des Soldaten, des Redners, des Malers, des Gents, des Komponisten und des Ministers. Karikatur der „Leipziger Volkszeitung" auf die vielseitige Betätigung Wilhelms II. 1885.

Die Beerdigung Krupps in Essen.

26. November 1902.

Nach kurzem schweren Leiden war der Wirkliche Geheime Rat Alfred Krupp aus dem Leben geschieden. Schwere Verunglimpfungen seiner Person durch die sozialdemokratische Presse waren vorangegangen und wurden vielfach in ursächlichen Zusammenhang mit dem raschen Tode gebracht. An der Beisetzung nahm der Kaiser selbst teil. Vor seiner Abreise von Essen versammelte er im Wartesaale des Bahnhofes die Mitglieder des Direktoriums der Kruppschen Werke und die Vertreter der Arbeiterschaft um sich und richtete folgende Rede an sie:

Es ist Mir ein Bedürfnis, Ihnen auszusprechen, wie tief Ich in Meinem Herzen durch den Tod des Verewigten ergriffen worden bin. Dieselbe Trauer läßt Ihre Majestät die Kaiserin und Königin Ihnen allen aussprechen und hat sie das auch bereits schriftlich der Frau Krupp zum Ausdruck gebracht. Ich habe häufig mit Meiner Gemahlin die Gastfreundschaft im Kruppschen Hause genossen und den Zauber der Liebenswürdigkeit des Verstorbenen auf Mich wirken lassen. Im Laufe der Jahre haben sich unsere Beziehungen so gestaltet, daß Ich Mich als einen Freund des Verewigten und seines Hauses bezeichnen darf. Aus diesem Grunde habe Ich es Mir nicht versagen wollen, zu der heutigen Trauerfeier zu erscheinen, indem Ich es für Meine Pflicht gehalten, der Witwe und den Töchtern Meines Freundes zur Seite zu stehen.

Die besonderen Umstände, welche das traurige Ereignis begleiteten, sind Mir zugleich Veranlassung gewesen, Mich als das Oberhaupt des Deutschen Reiches hier einzufinden, um den Schild des Deutschen Kaisers über dem Hause und dem Andenken des Verstorbenen zu halten. Wer den Heimgegangenen näher gekannt hat, wußte, mit welcher feinfühligen und empfindsamen Natur er begabt war und daß diese den einzigen Angriffspunkt bieten konnte, um ihn tödlich zu treffen. Er ist ein Opfer seiner unantastbaren Integrität geworden.

Eine Tat ist in deutschen Landen geschehen, so niederträchtig und gemein, daß sie alle Herzen erbeben gemacht und jedem deutschen Patrioten die Schamröte auf die Wangen treiben mußte über die unserm ganzen Volke angetane Schmach. Einen kerndeutschen Mann, der stets nur für andere gelebt, der stets nur das Wohl des Vaterlandes, vor allem aber das seiner Arbeiter im Auge gehabt hat, hat man an seiner Ehre angegriffen.

Diese Tat mit ihren Folgen ist weiter nichts als Mord; denn es besteht kein Unterschied zwischen demjenigen, der den Gifttrank einem andern mischt und kredenzt, und demjenigen, der aus dem sicheren Verstecke seines Redaktionsbureaus mit den vergifteten Pfeilen seiner Verleumdungen einen Mitmenschen um seinen ehrlichen Namen bringt und ihn durch die hierdurch hervorgerufenen Seelenqualen tötet.

Wer war es, der diese Schandtat an unserm Freunde beging? — Männer, die bisher als Deutsche gegolten haben, jetzt aber dieses Namens unwürdig sind, hervorgegangen aus den Klassen der deutschen Arbeiterbevölkerung, die Krupp eben so unendlich viel zu verdanken hat und von der Tausende in den Straßen Essens mit tränenfeuchtem Blick dem Sarge ihres Wohltäters ein letztes Lebewohl zuwinken.

Ihr Kruppschen Arbeiter habt immer treu zu eurem Arbeitgeber gehalten und an ihm gehangen; Dankbarkeit ist in euren Herzen nicht erloschen; mit Stolz habe Ich im Auslande überall durch eurer Hände Werk den Namen unsres deutschen Vaterlandes verherrlicht gesehen. Männer, die Führer der deutschen Arbeiter sein wollen, haben euch euren treuen Herrn geraubt. An euch ist es, die Ehre eures Herrn zu schirmen und zu wahren und sein Andenken vor Verunglimpfungen zu schützen.

Ich vertraue darauf, daß ihr die rechten Wege finden werdet, der deutschen Arbeiterschaft fühlbar und klar zu machen, daß weiterhin eine Gemeinschaft oder Beziehungen zu den Urhebern dieser schändlichen Tat für brave und ehrliebende Arbeiter, deren Ehrenschild befleckt worden ist, ausgeschlossen sind. Wer nicht das Tischtuch zwischen sich und diesen Leuten zerschneidet, legt moralisch gewissermaßen die Mitschuld auf sein Haupt.

Ich hege das Vertrauen zu den deutschen Arbeitern, daß sie sich der vollen Schwere des Augenblicks bewußt sind und als deutsche Männer die Lösung der schweren Frage finden werden.

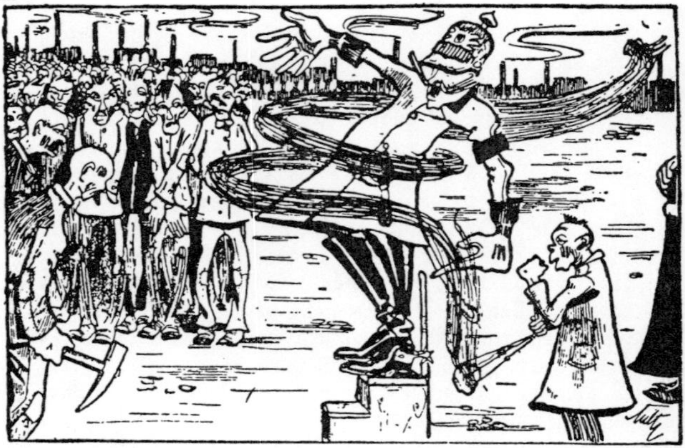

Eine Grabrede. Der Kaiser (über den Kanonenkönig Krupp): ... Seht, meine Getreuen, was wir sind! Derjenige, dessen Kanonen sovielen Tausenden von menschlichen Wesen Brot gegeben haben, ist nicht mehr; aber ich, die Ultima ratio, ich bin immer da, und ich habe auf dem Kopfe einen solchen Schild, daß selbst Kruppsche Kanonen ihm nichts anhaben können!

(Bolond Istók. Budapest, 30. November 1902.)

In Breslau.

5. Dezember 1902.

Der Kaiser kommt auf der Rückkehr von einem Jagdausfluge nach Oberschlesien durch Breslau, begrüßt auf dem Bahnhofe zunächst das Offizierkorps seines Leibkürassier-Regiments und empfängt dann eine aus 15 Mitgliedern bestehende Abordnung Breslauer Arbeiter. Einer von diesen überreicht mit kurzen Worten eine Adresse. Darauf antwortet der Kaiser:

Daß sich die Arbeiter von Breslau entschlossen haben, zu Mir, ihrem Könige und Landesvater, zu kommen, erfüllt Mich mit freudiger Befriedigung, und das in zwiefacher Weise. Zum ersten habt ihr Meine in Essen ausgesprochenen Erwartungen nicht getäuscht, zum andern habt ihr dadurch das Andenken Meines seligen Freundes Krupp vorwurfsfrei wahren helfen.

Von Herzen danke Ich dem Sprecher für seine warm empfundenen, patriotischen Worte. Sie zeugen davon, daß eine ehrenhafte Gesinnung und Anhänglichkeit an den König und das Vaterland unter euch fest wurzelt. Euer Stand ist stets der Gegenstand Meines eingehenden Interesses und Meiner Fürsorge gewesen, denn mit Stolz konnte Ich im Auslande beobachten, wie der deutsche Arbeiter vor allen anderen angesehen wird und mit Recht. Ihr dürft freudig an eure Brust schlagen und eurer Arbeit und eures Standes froh sein.

Durch die herrliche Botschaft des großen Kaisers Wilhelm I. eingeleitet, ist von Mir die soziale Gesetzgebung weitergeführt worden, durch die für die Arbeiter eine gute, gesicherte Existenzbedingung geschaffen worden ist bis ins Alter hinein unter Auferlegung von oft bedeutenden Opfern für die Arbeitgeber; und unser Deutschland ist das einzige Land, in welchem die Gesetzgebung in hohem Maße zum Wohle der arbeitenden Klassen fortentwickelt ist.

Auf Grund dieser von euren Königen euch zugewendeten großen Fürsorge bin Ich berechtigt, auch ein Wort der Mahnung an euch zu richten. Jahrelang habt ihr und eure Brüder euch durch Agitatoren der Sozialisten in dem Wahne erhalten lassen, daß, wenn ihr nicht dieser Partei angehörtet und euch zu ihr bekenntet, ihr für nichts geachtet und nicht in der Lage sein würdet, euren berechtigten Interessen Gehör zu verschaffen zur Verbesserung eurer Lage.

Das ist eine grobe Lüge und ein schwerer Irrtum. Statt euch objektiv zu vertreten, versuchten die Agitatoren, euch aufzuhetzen gegen eure Arbeitgeber, die anderen Stände, gegen den Thron und Altar und haben euch zugleich auf das rücksichtsloseste ausgebeutet, terrorisiert und geknechtet, um ihre Macht zu stärken. Und wozu wurde diese Macht gebraucht? Nicht zur Förderung eures Wohles, sondern um Haß zu säen zwischen den Klassen und zur Ausstreuung feiger Verleumdungen, denen nichts heilig geblieben ist, und die sich schließlich am Hehrsten vergriffen haben.

Mit solchen Menschen könnt und dürft ihr als ehrliebende Männer nichts mehr zu tun haben und euch nicht mehr von ihnen leiten lassen. Nein! Sendet uns eure Freunde und Kameraden aus eurer Mitte, den einfachen schlichten Mann aus der Werkstatt, der euer Vertrauen besitzt, in die Volksvertretung. Der stehe ein für eure Wünsche und Interessen, und freudig werden wir ihn willkommen heißen als den Arbeitervertreter des deutschen Arbeiterstandes, nicht als Sozialdemokraten. Mit solchen Vertretern des Arbeiterstandes, so viele ihrer sein mögen, werden wir gern zusammenarbeiten für des Volkes und des Landes Wohl.

Es wird so für eure Zukunft gut gesorgt sein, zumal da sie natürlich und fest fußen werden auf der Königstreue, auf der Achtung vor dem Gesetz und dem Staat, vor der Ehre ihrer Mitbürger und Brüder, getreu dem Schriftwort: „Fürchtet Gott, habt eure Brüder lieb und ehret den König!"

In Neudeck auf dem Gute des Fürsten Henckell v. Donnersmark schoß der Kaiser in den ersten Dezembertagen 1902 im ganzen 1675 Stück Wild. Dabei feierte er die Erlegung des *fünfzigtausendsten Tieres.* Es war dies gerade ein *weißer* Fasan, der zu den größten Seltenheiten gehört. (Schröder, S. 177.)

In Hamburg.

20. Juni 1903.

In Gegenwart des Kaisers wurde vor dem neuen Hamburger Rathause ein von Professor Schilling in Dresden geschaffenes Reiterstandbild Kaiser Wilhelms I. enthüllt und darauf der erweiterte Freihafen festlich eröffnet. Abends fand ein Festmahl im Rathause statt.

Es ist Mir oft schon die Aufgabe geworden, großen Städten und ihren begeisterten Bürgern Meinen Dank zu sagen; nie fand Ich die Aufgabe so schwer, für das, was Ich fühle und was Ich gesehen und erlebt habe, den richtigen, den passenden und erschöpfenden Ausdruck zu finden.

Wenn Ich zunächst als Enkel des Großen Kaisers, dessen ehernes Bildnis die Stadt Hamburg soeben enthüllt hat, sprechen darf, so möchte Ich mit tiefbewegtem Herzen Meinen Dank dafür abstatten, daß Hamburgs Bürgerschaft in so glänzender, großartiger und erhebender Weise den Ausdruck gefunden hat, um ihr Deutschtum und ihre Dankbarkeit dem alten Helden zu bezeugen. Das hat Mir als seinem Enkel wohlgetan und Mich tief gerührt.

Zum andern aber kann Ich es nicht unterlassen, den wahrhaft überwältigenden Empfang, den Mir Groß und Klein, Jung und Alt, Hoch und Niedrig hier hat zuteil werden lassen, hervorzuheben. Die vielen Tausende von Gesichtern, die Mir heute entgegengeleuchtet haben, sind Bürge dafür, daß der Gruß Mir aus tiefem Herzen und aus bewegtem Gefühl entgegenschallte, und Ich bitte den Senat und die Bürgerschaft, Meinen herzlichsten, tiefgefühltesten und heißesten Dank entgegenzunehmen und der Stadt mitteilen zu wollen.

Gewiß, die junge Generation, die heute mit uns das erzene Bild umstanden hat, für sie ist der Große Kaiser schon eine geschichtliche Person, und die Ereignisse, die sich um seine Persönlichkeit weben, und die Zeit, in der er gewirkt hat, werden schon in den Büchern beschrieben.

Ich glaube, daß Ich wohl nicht zuviel sage, wenn Ich der Vermutung Raum gebe, daß dereinst in künftigen Jahrhunderten die Ehrfurcht gebietende Gestalt Meines Großvaters mindestens ebenso von Sagen umwoben, so gewaltig und hochragend über alle Zeiten im deutschen Volke dastehen wird, wie einstens die Gestalt Kaiser Barbarossas. Freilich die jüngere Generation ist jetzt gewöhnt, leichthin das, was wir das Reich nennen, mit dem, was es uns gebracht hat, als etwas Selbstverständliches anzusehen, ohne zu bedenken, was es gekostet hat, bis es dazu gekommen ist.

Und Ich glaube, wir erkennen auch hierin wieder den Finger der Vorsehung, wenn wir auf die Ehrfurcht gebietende Gestalt hinblicken, die dort in stiller Haltung vor dem Rathaus steht, in ihrem Ernst und in ihrer stillen Abgeklärtheit des hohen Alters, daß gerade ihn die Vorsehung ausersehen hatte, um dieses, eines der schwierigsten Werke auszuführen, die Einigung der deutschen Stämme. Denn niemand konnte sich dem Zauber der Persönlichkeit, der einfachen Bescheidenheit, der herzgewinnenden Liebenswürdigkeit des hohen Herrn entziehen; und so war es ihm vergönnt, umgeben von gewaltigen Paladinen, die, ihm ergeben, mit ihm arbeiteten, auszugleichen und zu versöhnen an Härten und scharfen Lagen und immer das Ziel im Auge zu behalten, die Einigung des Vaterlandes. In langer Friedensarbeit, in stiller Werkstatt reiften die Gedanken, und fertig waren die Pläne des schon zum Greis gewordenen Mannes, als die gewaltige Aufgabe an ihn herantrat, als er uns das Reich wieder erstehen ließ. Ich hoffe, daß die Hamburger Jugend, wenn sie an dem Denkmal vorbeigeht, nie die Zeit der Vorbereitung vergessen werde, die dieser hohe Herr durchgemacht hat.

Mit Recht erwähnten Sie die Zeit Kaiser Wilhelms als eine große, eine gewaltige Zeit, gewaltig in ihren Impulsen, mächtig in ihrer flammenden Begeisterung. Meine Herren! Ich sollte denken, groß ist auch die Zeit, die uns noch vorbehalten ist. Die Aufgaben, die dem großen Kaiser gestellt waren, sind erfüllt; doch wollen wir nicht vergessen, wenn es uns zuweilen dünkt, daß die Aufgaben, die uns gestellt sind, zu schwer seien, was der hohe Herr durchgemacht hat.

Vergessen wir nicht, daß er schon nachdenkend und mitlebend Jena und Tilsit gesehen hat, und doch hat er an der Zukunft des Vaterlandes nicht verzweifelt. Von Tilsit ist es nach Versailles gegangen!

Ebenso wird es auch in Zukunft bestellt sein, auch unsrer Zeit harren Aufgaben. Der Große Kaiser mit seinen großen Mithelfern hat die Basis gelegt, den Grundstein zum Gebäude, an uns ist der Ausbau! Darum bin Ich der Ansicht und der festen Überzeugung, daß auch uns eine große Zukunft bevorsteht, wenn wir nur fest entschlossen sind, sie dazu zu machen. Uns sind auch Aufgaben gestellt, mögen sie nun schwer oder leicht sein, wir haben sie anzufassen, so gut wir eben können, mit Darangabe unsrer Kräfte; dann werden wir sie lösen, und Ich bin fest überzeugt, daß, wie damals, so auch heute, es dem Deutschen Reich und dem deutschen Volke nie an den richtigen Männern fehlen wird.

Deswegen wende Ich Mich am heutigen Tage an der Stelle, wo Ich damals aus tiefstem Herzen Mich an das deutsche Volk mit einem Notschrei wandte, auch heute wieder an dasselbe: „Möge es seinen Idealen und sich selber treu bleiben." Dann wird es der Granitblock werden, der, wie er draußen den Großen Kaiser trägt, so, getreu seinen Traditionen, die neuen Aufgaben und Schöpfungen, die an uns herantreten, auf seinem Herzen und mit seiner Kraft tragen wird. Möge es mit Entschlossenheit an die Aufgaben herantreten, die ihm der Himmel stellt, ohne zu fragen, ob sie schwer oder leicht sind, ohne sich darum zu kümmern, wie es sie lösen soll, wenn es nur erst herangeht!

Die Augen auf! Den Kopf in die Höhe! Den Blick nach oben, das Knie gebeugt vor dem großen Alliierten, der noch nie die Deutschen verlassen hat, und wenn er sie noch so schwer geprüft und gedemütigt hat, der sie stets wieder aus dem Staub erhob; Hand aufs Herz, den Blick in die Weite gerichtet und von Zeit zu Zeit einen Blick der Erinnerung zur Stärkung auf den alten Kaiser und seine Zeit; und Ich bin fest überzeugt, daß, wie Hamburg in der Welt vorneweg geht, so wird unser Vaterland vorangehen auf der Bahn der Aufklärung, der Bahn der Erleuch-

„Es ist erreicht!"

Die Schnurrbartspitzen haben es erreicht, zusammenzutreffen
(Šipy, Prag 1903.)

tung, der Bahn des praktischen Christentums, ein Segen für die Menschheit, ein Hort des Friedens, eine Bewunderung für alle Länder.

Das spreche Ich als feste Hoffnung und Zuversicht aus, darauf leere Ich mein Glas: Es lebe die Stadt Hamburg! Hurra! — Hurra! — Hurra!

Enthüllung des Kaiser Friedrich-Denkmals in Bremen.

22. März 1905.

Bei dem Festmahl, das nach der Enthüllung des eigenartigen Kaiser Friedrich-Denkmals in den städtischen Anlagen Bremens im dortigen Rathause stattfand, hielt der Kaiser folgende Rede:

Mein verehrter Herr Bürgermeister! Wollen Sie Mir gestatten, daß Ich tiefbewegten Herzens zunächst die Sohnespflicht erfülle, indem Ich Meinen von Herzen kommenden Dank Ihnen ausspreche, daß Sie Mir den Wunsch Ihrer Landsleute übermittelt haben, Teilnehmer zu sein an dem heutigen festlichen Tage und beizuwohnen der Enthüllung dieses einzigartigen, herrlichen Standbildes, das die freie Hansestadt Bremen Meinem seligen Vater gesetzt hat.

Ich kann wohl sagen, daß es Mich auf das tiefste bewegt hat, wie Ich heute die Menschenmassen mit Meinen Augen überflog, daran zu denken, daß der frühere preußische Kronprinz, nachmalige erste Kronprinz des Deutschen Reiches und schließlich zweite Hohenzollernkaiser, so in einer freien deutschen Stadt gefeiert werden konnte, gleichsam als ob er hier zu Hause wäre, ein Beweis dafür, wie seine Gestalt, ebenso wie die seines erlauchten großen Vaters Gemeingut unsers gesamten deutschen Volkes geworden ist.

Ich danke von Herzen, daß die Stadt Bremen Meinen Vater und sein Andenken in dieser herrlichen Weise geehrt hat. Sie haben ein Kunstwerk geschaffen, wie wenige in deutschen Landen stehen, und Ich bin fest überzeugt, daß noch in späten Generationen die ganze machtvolle Persönlichkeit, dann schon vom Glanze der Sage umwoben, durch dieses Standbild dem Herzen des Volkes näher gebracht werden wird; daß die von Vater auf Sohn sich folgenden Generationen der Bremenser niemals des zweiten Kaisers vergessen werden, dessen erhabene Siegfriedgestalt die deutschen Heere zu den Siegen führte, denen wir die Einheit verdanken.

Und so stehen nun Mein Großvater und Mein Vater in herrlichen Standbildern in dieser treuen deutschen Stadt und bilden Marksteine für die Geschichte unsers Vaterlandes sowohl, wie der Stadt Bremen.

Wahrlich, der geschichtliche Rückblick, den Sie die Güte hatten, uns eben zu geben, zeigt uns in großartiger Weise die Fügung Gottes und die Gnade, die die Vorsehung mit unserm Volk und Land gehabt hat. Der Zeitabschnitt, den die beiden hohen Herren verkörpern, die hier in Erz gegossen auf ihren Plätzen stehen, ist nun geschichtlich festgelegt, und es ist an der nachfolgenden Zeit und deren Generationen, fortzubauen auf der Grundlage, die die hohen Herren gelegt haben.

Sie haben die Güte gehabt, die Gedanken zu erwähnen, welche Sie bewegten bei früherer Gelegenheit in diesem selben Raume. Sie entsprechen in jeder Beziehung vollkommen dem, was Ich auch damals gedacht habe. Ich habe, als Ich als Jüngling vor dem Modell des Brommyschiffes gestanden habe, mit Ingrimm die Schmach empfunden, die unsrer Flotte und unsrer damaligen Flagge angetan worden ist; und vielleicht, da doch mal von Meiner Mutter Seite ein Stück Seeblut in Meinen Adern geflossen ist, ist das der Weg gewesen, der für Mich die Richtschnur geben sollte für die Art und Weise, wie Ich die Aufgaben aufzufassen hätte, die nunmehr dem Deutschen Reiche bevorstanden.

Ich habe mir damals den Fahneneid geschworen, als Ich zur Regierung kam, nach der gewaltigen Zeit Meines Großvaters, daß, was an Mir liegt, die Bajonette und Kanonen zu ruhen hätten, daß aber Bajonette und Kanonen scharf und tüchtig erhalten werden müßten, damit Neid und Scheelsucht von außen uns an dem Ausbau unsers Gartens und unsers schönen Hauses im Innern nicht stören. Ich habe Mir gelobt, auf Grund Meiner Erfahrungen aus der Geschichte, niemals nach einer öden Weltherrschaft zu streben. Denn was ist aus den großen sogenannten Weltreichen geworden? Alexander der Große, Napoleon der Erste, alle die großen Kriegshelden, im Blute haben sie geschwommen und unterjochte Völker zurückgelassen, die beim ersten Augenblick wieder aufgestanden sind und die Reiche zum Zerfall gebracht haben.

Das Weltreich, das Ich Mir geträumt habe, soll darin bestehen, daß vor allem das neuerschaffene Deutsche Reich von allen Seiten das absoluteste Vertrauen als eines ruhigen, ehrlichen, friedlichen Nachbarn genießen soll, und daß, wenn man dereinst vielleicht von einem deutschen Weltreich oder einer Hohenzollernweltherrschaft in der Geschichte reden sollte, sie nicht auf Eroberungen begründet sein soll durch das Schwert, sondern durch gegenseitiges Vertrauen der nach gleichen Zielen strebenden Nationen, kurz ausgedrückt, wie ein großer Dichter sagt: „Außenhin begrenzt, im Innern unbegrenzt."

Sie haben hingewiesen auf die Schiffe, die hier erinnerungsreich von der Decke des schönen alten Saales herabhängen Die Zeit, in der Ich groß geworden bin, war trotz des großen Krieges für unsern seefahrenden Teil der Nation keine große und glorreiche. Auch hier habe Ich die Konsequenzen gezogen dessen, was Meine Vorfahren getan haben. Im Innern war militärisch so viel geschehen, wie notwendig war, jetzt mußte die Seerüstung drankommen.

Ich danke Gott, daß Ich hier in diesem Rathause keinen Notschrei mehr auszustoßen habe, wie einst in Hamburg. Die Flotte schwimmt und sie wird gebaut, das Material an Menschen ist vorhanden. Der Eifer und der Geist ist derselbe wie der, der die Offiziere der preußischen Armee bei Hohenfriedberg und bei Königgrätz und bei Sedan erfüllt hat, und mit jedem deutschen Kriegsschiff, das den Stapel verläßt, ist eine Gewähr mehr für den Frieden auf der Erde gegeben, um soviel weniger werden unsre Gegner mit uns anzubinden suchen, um so wertvoller werden wir als Bundesgenossen.

Als Ich an dem heutigen Tage Bremens Bürgerschaft überflogen habe, sah Ich die Alten und die Jungen nebeneinander stehen, die Alten mit ihren Medaillen und ihren Kreuzen, die Mitkämpfer und Mittäter unter den beiden großen Herren, deren Standbilder in dieser Stadt stehen, und vor ihnen die Jugend, die hineinwachsen soll in das neue Reich und seine Aufgaben.

Was werden ihre Aufgaben sein? Stetig auszubauen, Streit, Haß, Zwietracht und Neid zu meiden, sich zu erfreuen an dem deutschen Vaterlande, wie es ist, und nicht nach Unmöglichem zu streben; sich der festen Überzeugung hinzugeben, daß unser Herrgott sich niemals eine so große Mühe mit unserm deutschen Vaterlande und seinem Volke gegeben hätte, wenn er uns nicht noch Großes vorbehalten hätte.

Wir sind das Salz der Erde, aber wir müssen dessen auch würdig sein. Darum muß unsre Jugend lernen zu entsagen und sich zu versagen, was nicht gut tut für sie, fernzuhalten, was eingeschleppt ist von fremden Völkern und Sitten, Zucht und Ordnung, Ehrfurcht und Religiosität zu bewahren. Dann möge über das deutsche Volk einst geschrieben werden, was an den Helmen Meines ersten Garderegiments steht: „Semper talis", „stets derselbe". Dann werden wir von allen Seiten mit Achtung, teilweise auch mit Liebe, als sichere und zuverlässige Leute betrachtet werden und können stehen die Hand am Schwertknopf, den Schild vor uns auf die Erde gestellt, und sagen: Tamen, komme, was wolle.

Ich bin fest überzeugt, daß Meine Worte hier in Bremen auf einen guten Boden fallen werden. Von Herzen wünsche Ich, daß der goldene Friede, der bisher mit Gottes Hilfe erhalten worden ist, uns weiter erhalten bleiben wird, und daß Bremen unter dem Frieden grünen, blühen und gedeihen möge. Das ist Mein innigster Wunsch.

Es lebe Bremen, Hurra! — Hurra! — Hurra!

Der Ozean ist *unentbehrlich für Deutschlands Größe. Aber der Ozean beweist auch, daß* auf ihm in der Ferne, jenseits von ihm, *ohne Deutschland und ohne den Deutschen Kaiser keine große Entscheidung mehr fallen darf.*

(Wilhelm an den Prinzen Rupprecht von Bayern, 3.7.1900.)

Dann wird unser deutsches Volk der Granitblock sein, auf dem unser Herrgott seine Kulturwerke an der Welt aufbauen und vollenden kann. Dann wird auch das Dichterwort sich erfüllen, das da sagt: „An deutschem Wesen wird einmal noch die Welt genesen.“

(Aus Wilhelms Rede für die Provinz Westfalen, 31.8.1907.)

Möge einem jeden Europäer draußen, dem deutschen Kaufmann draußen, und vor allen Dingen dem *Fremden draußen, auf dessen Boden wir sind oder mit dem wir zu tun haben werden, klar sein, daß der deutsche Michel seinen mit dem Reichsadler geschmückten Schild fest auf den Boden gestellt hat, um dem, der ihn um Schutz angeht, ein für allemal diesen Schutz zu gewähren;* und mögen unsere Landsleute draußen die feste Überzeugung haben, seien sie Priester oder seien sie Kaufleute, oder welchem Gewerbe sie obliegen, daß der Schutz des Deutschen Reiches, bedingt durch die Kaiserlichen Schiffe, ihnen nachhaltig gewährt werden wird. *Sollte es aber je irgendeiner unternehmen, uns an unserem guten Recht zu kränken oder schädigen zu wollen, dann fahre darein mit gepanzerter Faust! und, so Gott will, flicht dir den Lorbeer um deine junge Stirn, den niemand im ganzen Deutschen Reiche dir neiden wird!*

(Aus Wilhelms Abschiedsrede an den Prinzen Heinrich, 15.12.1897.)

Gerade der merkwürdige Hang zum Opernhaften hat unser loyales Bürgertum dazu gebracht, in Wilhelm II. die Verkörperung eines Ideales zu sehen. Welche epischen Gefühle hat jede Vergnügungsreise des Herrschers ausgelöst! Welche Lyrismen sind gesagt und geschrieben worden, wenn nichts geschah als die Abnahme einer Parade.

Kein Ding konnte mehr nüchtern und in der Stille ge-

schehen; auch das Einfachste vollzog sich bei bengalischer Beleuchtung.
Die bourgeoise Phantasie war täglich angeregt und aufgeregt durch die Persönlichkeit des Kaisers, durch die Reden, durch die Taten des Kaisers.
In allem letzte und höchste Instanz, fand Wilhelm II. nirgends Widerspruch, auch da nicht, wo er ihn suchte.
Einsicht und Wissen beugten sich vor ihm; und wollte er nicht an der Ehrlichkeit der Einzelnen und der Korporationen zweifeln, dann mußte er an die eigene Unfehlbarkeit glauben.
Auch ein Herrscher von ungewöhnlichen Gaben wäre zu diesem letzten Ende gekommen.
Am Kaiser ist nichts ungewöhnlich. In seinen Reden findet sich nirgends ein überraschender Gedanke, nirgends ein originelles Wort.
Und wüßten wir es sonst nicht, dann zeigte uns der Jubel der Mittelmäßigkeit, deren Instinkten er so oft entgegenkam, daß der Kaiser seine Bewunderer nicht überragt. Er hat nicht jene Größe, die gegen den Beifall der Menge unempfindlich macht. Er läßt sich durch ihn tragen und läßt sich durch ihn leiten.

(Ludwig Thoma, Der Kaiser, 1908.)

In Donaueschingen hatte sich der Chef seines Militärkabinetts, General von Hülsen-Häseler, vor seinem höchsten Herrn wieder einmal als — Ballettänzerin produziert, eine Szene, die Seine Majestät schon oft in gute Laune versetzt hatte. Aber diesmal endete das Satyrspiel als Tragödie. Der General wurde von einem Schlag getroffen und lag als Leiche im Ballettröckchen vor dem Kaiser.

(Erich Eyck, Das persönliche Regiment Wilhelms II., Erlenbach-Zürich 1948.)

Aus einer Straßburger Kaiserrede.

8. Mai 1905.

Wie die oben mitgeteilten Sätze aus des Kaisers Rede bei der Vereidigung der Marinerekruten in Wilhelmshaven vom 9. März ist auch diese Rede wegen der mehrfachen Beziehungen auf den russisch-japanischen Krieg sogar offiziös bestritten worden, wenigstens in formeller Hinsicht. Trotzdem kann ihre Aufnahme an dieser Stelle nicht umgangen werden. Nach der „Straßburger Post" äußerte der Kaiser im Offizierkasino in Straßburg unter anderm:

Die jungen Leute müssen mehr herangekriegt werden. Sie müssen tüchtig den Tag über arbeiten, so daß sie abends ordentlich ermüdet sind und bald das Lager, anstatt erschlaffende Vergnügungen aufzusuchen. Das Offizierkorps ist der Kern des Heeres, und es muß frisch erhalten bleiben, sonst leidet das Heer.

Dafür bietet der jetzige Krieg wieder Beispiele genug. Das japanische Offizierkorps ist äußerst tüchtig und hat sich, wie auch der japanische Soldat, voll bewährt. Das russische Offizierkorps dagegen hat vollständig versagt, während der Soldat sich gut gehalten und tapfer gekämpft hat. Mein Sohn hat mir erzählt, wie die russischen Offiziere sämtlichen Sekt in Kiautschau aufgekauft haben. Der Feldsoldat muß sich an ein karges Leben gewöhnen und darf nicht an solche Dinge denken.

Über die Taktik im Felde ist zu sagen, daß die Lehren des Burenkrieges sich in diesem Kriege bestätigt haben. Man darf dem Feinde sich nicht als Ziel bieten und bei Verteidigung und Angriffen darf man nicht erst auf die Pioniere warten, sondern muß selbst mit dem Spaten arbeiten können. Die Russen hatten ausgezeichnete Verteidigungswerke hergestellt, wie sie kaum im Frieden besser hergestellt werden können. Die ältesten bei uns fast vergessenen Verteidigungsmittel, wie Wolfsgruben und derart, sind wieder zu Ehren gekommen. Von allen das Wichtigste aber ist der Draht, dessen ausgiebige Anwendung durch die Russen den Japanern viele Verluste beigebracht hat.

Für die Oberleitung haben sich alte, vielfach nicht beachtete Lehren wieder verstärkt. Vor allem darf der Oberleiter bei diesen ausgedehnten Schlachtfeldern nicht in die Front gehen. Dort hat er nur Übersicht über das ihm zunächst gelegene Gebiet, verliert aber den Überblick über das Ganze vollständig.

In der Schlacht bei Mukden hat der russische Oberfeldherr General Kuropatkin den Fehler gemacht, in die Front zu gehen. Der japanische Höchstkommandierende Marschall Oyama blieb gleich hinter der Front und erkannte von dort aus den ausgedehnten Kampf. Er empfing telegraphisch Meldungen und gab telegraphisch Befehle. Er saß ruhig da wie ein Schachspieler, der Zug für Zug sofort ausführen kann.

Nach der „Straßburger Bürgerzeitung" wäre diesen Ausführungen folgendes vorangegangen:

Das russische Heer, welches bei Mukden gefochten, sei durch Unsittlichkeit und Alkoholgenuß — die betreffende Äußerung habe noch drastischer gelautet — entnervt. Nur so könne man sich die russische Niederlage bei Mukden erklären. Deutschland habe, nachdem Rußland seine Schwäche gegenüber der gelben Gefahr gezeigt, unter Umständen die Aufgabe, der Ausbreitung dieser Gefahr entgegenzutreten. Die Offiziere und Mannschaften des deutschen Heeres sollten streng darauf halten, daß ihre Zeit gut ausgefüllt sei, damit sie nicht auf Unsittlichkeit und Völlerei verfallen. Man solle die Mannschaften scharf anstrengen, damit sie keine Zeit hätten, an derartiges zu denken.

Oft läßt Wilhelm II. durch die Zeitungen verkünden, daß er vor seinen Soldaten und auf seinen Kriegsschiffen gepredigt habe. Grundsätzlich wählt er die Texte dazu aus dem alten Testament und, indem er händeringend, augenverdrehend und vor Ehrfurcht fast ersterbend predigt oder abliest, riecht das Ganze schließlich mehr nach Pulver und Blut als nach Religion und Nächstenliebe. Wie z.B. seine Predigt in Kiel über den weißen und gelben Gott: „Als unser Volk nicht mehr den richtigen Glauben hatte, als Hochmut und Hoffart bei uns herrschten, da sandte uns Gott Napoleon als Geisel, ebenso wie er in früheren Zeiten anderen Völkern den Attila und seine Hunnen geschickt hat. Das russische Heer, das bei Mukden gefochten, war durch Alkoholgenuß, Völlerei und Unsittlichkeit feige und entnervt. Nunmehr hat Deutschland, nachdem Rußland im Kriege mit Japan seine Schwäche gegenüber der gelben Gefahr gezeigt, die Aufgabe, derselben entgegenzutreten. Man darf aber aus den japanischen Siegen, aus den Siegen eines heidnischen Volkes über ein christliches, nicht den Schluß ziehen, daß Buddha unserem Herrn Christus überlegen ist. Auch bei uns in Deutschland steht's schlimm um das Christentum, so daß wir kaum das Recht haben, Gott um den Sieg zu bitten, ihm denselben durch Gebete abzuringen wie einst Jakob im Traume mit dem Engel. Darum, ehrenwerte Brüder, glaubt mir, es kommt soweit! Dann aber wollen wir uns auf die Bajonette der Feinde werfen, unsere Kameraden werden danach die Position über unsere Leichen hinweg erobern usw."

(Rich. Ball, Bilanz über 25 Jahre Regierungszeit Wilhelms II., Leipzig 1918, S. 76.)

Das deutsche Volk in Waffen.

26. Oktober 1905.

Am 105. Geburtstage des Feldmarschalls Grafen Helmuth von Moltke, am 26. Oktober, wurde dessen von Professor Uphues geschaffenes Denkmal auf dem Königsplatze in Berlin enthüllt.

Bei der Tafel brachte der Kaiser folgenden Trinkspruch aus:

Dem heutigen Tage seien zwei Gläser bestimmt, das eine der Vergangenheit und der Erinnerung.

In aufrichtigem Danke gegen die Vorsehung, die in großer Zeit dem Großen Kaiser seine Paladine beschert hat, wollen wir vor allen Dingen das erste Glas ein stilles sein lassen, welches dem Andenken gewidmet ist des Kaisers Wilhelm Majestät größten Generals.

Der Kaiser fuhr dann sogleich fort:

Das zweite Glas, das gilt der Zukunft und der Gegenwart. Wie es in der Welt steht mit uns, haben die Herren gesehen.

Darum: Das Pulver trocken, das Schwert geschliffen, das Ziel erkannt, die Kräfte gespannt und die Schwarzseher verbannt! Mein Glas gilt unserm Volk in Waffen! Das deutsche Heer und sein Generalstab Hurra! — Hurra! — Hurra!

„Am nächsten Sonntag ist wieder große Fahnen-Nagelung im Zeughaus. Wir meinen noch immer, daß wir in dem Kampf um Leben und Tod den Sieg mit einem Lappen bestickten Tuches erringen werden . . . Es graut mir, wenn ich all diesen Unfug mit ansehe, über dem die Hauptsache . . . völlig vergessen wird. Da werden den Leuten bunte Schnüre als Schützen-Abzeichen angehängt, die sie nur an der Handhabung des Gewehrs hindern, durch alle möglichen äußeren Auszeichnungen wird der Ehrgeiz angeregt, statt das Pflichtgefühl zu entwickeln, die Uniformen werden immer glänzender, statt feldmäßig unscheinbar gestaltet zu werden, die Übungen werden zu parademäßigen Theaterstücken: dekorativ ist die Losung des Tages, und hinter all diesem Firlefanz grinst das Gorgohaupt des Krieges hervor, der über uns hängt wie eine Wetterwolke. Und keine Umkehr auf diesem Wege, es wird nur immer schlimmer!"
(Helmuth von Moltke, Erinnerungen, Briefe, Dokumente 1877—1916, S. 337.)

Rekrutenvereidigung in Potsdam.

12. November 1905.

Ihr seht hier den Altar und auf demselben das Kreuz, das Symbol aller Christen. Als solche schwuret ihr heute den Fahneneid, und Ich wünsche und hoffe, daß ihr dieses Schwures stets eingedenk bleibet.

In diesem Augenblicke steht eine denkwürdige Episode vor Meinem Auge. Als Kaiser Leopold von Österreich dem berühmten Prinzen Eugen den Oberbefehl über die Armee übertrug und ihm den Marschallstab überreichte, ergriff Prinz Eugen ein Kruzifix und hielt es mit den Worten in die Höhe: „Dies soll unser Generalissimus sein!"

Solche Gesinnung erwarte Ich von euch. Ich will stramme und tapfere Soldaten in Meiner Armee haben, keine Spötter! Euch wird der Vorzug zuteil, in den Reihen der Garde in Potsdam zu dienen, wo euch auf Schritt und Tritt Andenken an den großen Soldatenkönig, der nicht weit von hier seine letzte Ruhestätte hat, und an die ruhmreiche Geschichte Preußens gemahnen.

Zeigt euch dieser Auszeichnung durch besondere Übung der soldatischen Tugenden würdig und geht den andern voran in Gottesfurcht, Treue und Gehorsam!

Vom Aufenthalt Kaiser Wilhelms II. in den Reichslanden erzählt die „Kölnische Zeitung" am 26. Mai 1903: Als nach der Begrüßung durch den Präsidenten des Lothringer Bezirkstages auf dem Bahnhof der Kreisdirektor von Saargemünd dem Kaiser mitteilte, daß 2000 *Jungfrauen* in lothringer Tracht am Kaiserdenkmal seiner harrten, äußerte er: „Muß ich die denn nun alle küssen?" Und zum *Bürgermeister* Schuster, nach dessen Ansprache am Kaiserdenkmal: „*Sorgen Sie dafür,* daß sie alle *tüchtige Soldatenmütter* werden."

(Schröder, S. 11.)

Für das Jahr 94 wurden 199 Reisetage, in 17 Jahren wurden 577 öffentliche Reden berechnet, das heißt alle elf Tage eine Kaiserrede.

(Ludwig, S. 300.)

Festmahl für die Provinz Schlesien.

8. September 1906.

Der Trinkspruch des Kaisers bei dem für die Provinz Schlesien im Zwinger zu Breslau gegebenen Festmahl lautete:

Mein lieber Oberpräsident!*) Mit tiefbewegtem Herzen ergreife Ich heute das Wort, um als souveräner Herzog von Schlesien zu Meinen Schlesiern zu sprechen. Denn die Eindrücke, die in der kurzen Zeit, in der Ich unter Ihnen weile, auf Mich einstürmten, sind so gewaltiger und packender Natur, daß die Worte mangeln, um ihnen Ausdruck zu geben und die rechte Form zu finden für den Dank, den Ich Meinen Schlesiern aussprechen möchte. Nicht bloß am gestrigen Tage, der den Jubel des Einzugstages womöglich noch übertönte, und nicht nur von seiten der alten Soldaten im schwarzen Rock mit den Kriegsdekorationen auf der Brust, die da erzählen können: „Wir haben mitgetan zu der Zeit, wo Geschichte gemacht wurde", und die sich rühmen dürfen, Kriegsgefährten des großen Kaisers und seines erhabenen Sohnes, Meines Vaters, zu sein, von dem Ihnen allen bekannt ist, wie hoch sein Herz für Schlesien schlug — sondern auch heute auf Meiner Fahrt durch die grünen schlesischen Lande nach Bunzelwitz, Schweidnitz und Rogau und zurück: überall habe Ich dieselbe Wärme, dieselbe flammende, lodernde Begeisterung gefunden. Es ist die alte schlesische Treue, die zum Durchbruch kommt, und die beweist die Anerkennung seitens der Bevölkerung für das, was das Haus Hohenzollern für sie getan hat. Diese Treue wächst auf einem ganz besonders durch die Historie geweihten Boden. Denn wer wollte leugnen, daß der schlesische Boden, wie kaum einer, mit der Geschichte unseres Vaterlandes und unseres Hauses in engster Verbindung steht, und wie könnte man von der Entwicklung Schlesiens überhaupt ein Wort reden, ohne zunächst und vor allem der einen gewaltigen Figur

*) Graf Zedlitz-Trützschler.

zu gedenken, von der die Grenadiere sangen vom Rhein bis an die Oder: „Fridericus Rex, unser König und Herr!" Wo der Blick über Schlesiens Fluren schweift, tauchen die Erinnerungen an ihn auf, an die unvergleichlichen Kämpfe, unter denen er Preußen seine Weltmachtstellung schuf, aber auch an die herrliche Friedensarbeit, in der er versuchte, das schwer heimgesuchte Land zu heben und zu stärken. Und wiederum in späterer Zeit war es gerade Schlesien vorbehalten, einen neuen Hoffnungsstrahl für den schwergeprüften Hohenzollern König Friedrich Wilhelm III. zu senden, als ihm die lodernde Begeisterung der ersten Freiwilligen in Breslau entgegenschlug, als die ersten Schilderhebungen hier erfolgten, und als „Lützows wilde, verwegene Jagd" ihr Treiben am Zobten vor dem Feind begann. Und so ist es seither gegangen. Schlesiens Söhne haben gefochten, wo es darauf ankam, für das Vaterland einzutreten und ihr Blut einzusetzen. Und so kann man wohl sagen, die Geschichte Unseres Hauses ist unlöslich verknüpft mit dieser, einer der schönsten Provinzen. Und wir können, wenn wir diese reiche Geschichte überblicken, sie mit einem Worte kennzeichnen, welches einst Mein hochseliger Herr Großvater sprach, als nach heißem Ringen die Kaiserkrone mit des Himmels Willen sich auf sein Haupt senkte: „Gott war mit uns, und ihm sei die Ehre!" Und wenn Ich daran denke, wie heut die Fahnen der Kriegervereine in stolzem Schritt bei Mir vorbeizogen, so glaube Ich, wir können das auch auf die Jetztzeit übertragen und wir können Gott danken, wie er alles zum Wohl und Nutzen dieser Provinz und unseres Landes gefügt hat, vor allem, daß es uns vergönnt gewesen ist, im Frieden unsere Arbeit zu tun. Wenn aber Gott mit uns gewesen ist, so liegt wohl die ernste Frage nahe, ob wir seiner Hilfe auch würdig waren? Hat ein jeder unter uns nun auch das Seinige dazu getan, unter Drangabe von allen seinen Sinnen, von Gesundheit und Leibeskräften das fortzuführen und auszubauen, was die Vorzeit uns hinterlassen hat? Wenn ein jeder an sein Herz schlägt und sich ehrlich diese Frage vorlegt, so wird wohl bei manchem die Antwort schwer sein. Nun wohl, Meine Herren, lassen Sie uns aus der großen Persönlichkeit des großen Königs die Einsicht und die Entschlüsse schöpfen, wo es gefehlt hat an der Arbeit, wo der Mut hat sinken wollen, wo schwarze Gedanken und Befürchtungen das Haupt umrauschten. Hinweg damit! So wie der große König von dem alten Alliierten niemals im Stich gelassen worden ist, so wird auch unser Vaterland und diese schöne Provinz seinem Herzen nahe bleiben. **Und so wollen wir ein neues Gelübde aus dem schönen Schatz der Erinnerungen und der goldenen Treue, die Mir hier entgegenschlug, prägen: Uns von nun an mit Aufbietung aller geistigen und körperlichen Kräfte nur der einen Aufgabe zu widmen, unser Land vorwärts zu bringen, für unser Volk zu arbeiten, ein jeder in seinem Stande, gleichviel, ob hoch oder niedrig, unter Zusammenschluß der Konfessionen dem Unglauben zu steuern und uns vor allen Dingen den freien Blick für die Zukunft zu bewahren und niemals an uns und unserem Volke zu verzagen. Den Lebenden gehört die Welt, und der Lebende hat recht. Schwarzseher dulde ich nicht, und wer sich zur Arbeit nicht eignet, der scheide aus, und wenn er will, suche er sich ein besseres Land. Ich erwarte aber von Meinen Schlesiern, daß sie mit dem heutigen Tage sich von neuem in dem Entschluß zusammenfinden werden, den großen Zielen und Vorbildern nachgehend, ihrem Herzog zu folgen in seiner Arbeit und vor allem in seiner Friedensarbeit für sein Volk. In dieser Hoffnung leere Ich Mein Glas auf das Wohl der Provinz Schlesien und aller treuen Schlesier.**

Im Januar 08 kam es wirklich zu Unruhen in der Hauptstadt. Der Kaiser zog 150 Schutzleute ins Schloß und sagte schneidig zu seinem Adjutanten: „Hätte ich am Sonntag von solcher Unordnung erfahren, so hätte ich das Alexander-Regiment alarmiert und selber die Straßen gesäubert!" Worauf ein Hofmann dem entsetzten

Andern erklärt: „Das ist gar nicht so gemeint, der Kaiser sagt das nur so, aber er tut es nachher doch nicht." Als dann über 30 Verletzte gemeldet werden, sagt der Kaiser: „Ich bin durchaus zufrieden mit der Haltung der Polizei. Aber das nächste Mal sollen sie nicht mit der flachen, sondern mit der scharfen Klinge zuhauen!"

(Ludwig, S. 283/284.)

Hochzeit im Hause Krupp.

15. Oktober 1906.

Zur Hochzeit von Fräulein Bertha Krupp mit dem Legationsrat Dr. von Bohlen und Halbach, dem der Kaiser die Berechtigung zur Führung des Namens Krupp von Bohlen und Halbach verliehen hatte, traf der Kaiser am 15. Oktober mittags auf dem Bahnhof Hügel bei Essen ein und begab sich von dort nach der Villa Hügel, wo die Hochzeitsfeier stattfand. Bei der Hochzeitstafel begrüßte der Kaiser das junge Paar mit folgender Rede, in der er sie auf die schönen Pflichten ihrer Stellung hinwies:

Verehrtes Paar! Die Segenswünsche und Gebete aller Anwesenden haben Sie in der Kirche umgeben und werden Sie auf Ihrem ferneren Lebenswege begleiten. Vielen jungen Paaren, bei denen der Mann nicht in einem Staatsdienst oder besonderen Beruf steht, wird die Beantwortung der Frage, wie sie ihr Leben zu gestalten gedenken, nicht so leicht sein wie Ihnen. Sind es ernste Leute, so werden sie danach trachten, zu wirken zu Nutz und Frommen ihrer näheren Mitmenschen, der Gemeinde, der sie angehören, damit auch des Staates. Es ist jedoch eine eigentümliche Erscheinung, daß das heutige junge Geschlecht unter starker Hervorhebung des eigenen Ichs dasselbe in den Mittelpunkt der Ereignisse zu stellen bestrebt ist und eifrig darauf bedacht ist, das ihm zukommende Recht zu betonen und diesem Recht uneingeschränkte Wirkung und Berücksichtigung zu verschaffen. Es wird dabei nur eins, und zwar das Wichtigste, vergessen, daß die Rechte vor allem Pflichten bedingen. Ohne Pflichten sind keine Rechte denkbar. Rechte ohne Pflichten führen zu Ungebundenheit und Zügellosigkeit. Wir kommen soeben aus der Kirche, wo wir von demjenigen gehört haben, der die höchste Stellung in der Welt beanspruchen konnte als Sohn Gottes, und dessen Leben doch ausschließlich der Erfüllung der Pflicht, des Wirkens für seine menschlichen Brüder gewidmet war. Ihr Leben sei erfüllt und beherrscht von dem, was unser großer und klarster Denker, Kant, den kategorischen Imperativ der Pflicht genannt hat. Ihnen, Meine liebe Bertha, hat der liebe Gott einen herrlichen Wirkungskreis zugewiesen, für Ihre Arbeiter und deren Familien zu leben. Wenn Sie durch die Fabrikräume schreiten, möge der Arbeiter in dankbarer Liebe die Mütze vor Ihnen lüften, in Ihnen neben der Tochter seines innig verehrten verblichenen Fabrikherrn den guten Genius der Werke begrüßen. Bei Ihrem Eintritt in die Familienhäuser mögen Kinder und Frauen in Ihnen eine holde Fee erblicken, welche bei ihrem Erscheinen Tränen trocknet, Not lindert, Lasten erleichtert, Leid ertragen hilft. Und Ihrer Einwirkung, Mein lieber Bohlen, entspringe Arbeitsfreudigkeit, fortschreitende Entwicklung nach zielumfassenden Gesichtspunkten, den modernsten Anforderungen entsprechende Leistungen nach den bewährten Grundsätzen des Begründers dieses Werkes. Möge es Ihnen gelingen, das Werk auf der Höhe zu erhalten, auf die es gehoben worden ist, unserem deutschen Vaterlande auch fernerhin Schutz- und Trutzwaffen zu liefern, welche in Fabrikation sowohl wie in Leistungen nach wie vor von keiner Nation erreicht werden. Mit goldenen Buchstaben stehe das Wort „Pflicht" über den Türen Ihres Heims und werde Ihre Ausübung durch das hehrste Gefühl erleichtert, welches es auf Erden gibt, nämlich für das Wohl seiner Mitmenschen arbeiten zu können. Dazu verhelfe Ihnen der liebe Gott, und der Segen Ihres verklärten Vaters, Meines teuren und geliebten Freundes, der heute aus lichten Höhen auf Sie herabblickt, wird unsichtbar Sie geleiten. Diese Meine Freundschaft, welche von Kindesbeinen an Mich mit ihm verband, übertrage Ich freudigst auf Sie beide und will, so weit Ich es vermag,

Ihnen treu zur Seite stehen. Allem übrigen, was uns das Herz bewegt, wollen wir nunmehr Ausdruck geben, indem wir unsere Gläser erheben und auf das Wohl des jungen Paares trinken.

Im Jahre 1907, als die Volksvertretung wieder eine Flottenverstärkung bewilligt hatte, rühmt der Kaiser sich, sie absolut hineingelegt zu haben. „Das ist ein Korkenzieher, mit dem ich die Flasche unter allen Umständen aufziehen kann. *Die Hunde sollen zahlen, bis sie blau werden.*"
(Erich Eyck, Die Monarchie Wilhelms II., 1924, S. 68/69.)

Die Bensberger Kadetten.

18. Oktober 1906.

Während seiner Anwesenheit in den Rheinlanden besuchte der Kaiser auch das Kadettenkorps in Bensberg. Nachdem die Kadetten einen Parademarsch ausgeführt hatten, redete der Kaiser sie mit folgenden Worten an:

Guten Morgen, Jungens! Ich habe Mich sehr gefreut, euch hier zu sehen. Der Parademarsch war gut! Ihr seid noch jung, und ihr wollt erst noch Offiziere werden, um dereinst Führer Meiner Armee zu sein. Denkt daran, was vor hundert Jahren passierte, und ihr steht Mir dafür, daß so etwas nicht wieder vorkommt. Im übrigen könnt ihr auf Meine Kosten soviel Schokolade und Kuchen essen, wie ihr nur runterstopfen könnt. Adieu, Kadetten!

Gespräch des Kaisers mit Ganghofer.

12. November 1906.

Die Münchener Neuesten Nachrichten, Nr. 541 vom 20. November 1906, Vorabendblatt, veröffentlichten folgenden, am 20.

November von der Norddeutschen Allgemeinen Zeitung abgedruckten Bericht über eine Unterredung des Kaisers mit dem Schriftsteller Dr. Ganghofer in München nach der Festvorstellung im Hoftheater am 12. November, am Vorabend der Grundsteinlegung des Deutschen Museums, zu der sich der Kaiser nach München begeben hatte:

Nach der Festvorstellung im Hoftheater am Abend des 12. November hatte der Kaiser noch eine kleinere intime Gesellschaft um sich, und zwar seine Herren vom persönlichen Dienst und der preußischen Gesandtschaft, die Herren des bayrischen Ehrendienstes, darunter Freiherr von Würzburg, General Gebsattel usw., ferner den Staatssekretär des Äußeren Freiherrn von Tschirschky, den Vertreter des Chefs des Zivilkabinetts von Eisenhart-Rothe und unseren einheimischen Dichter Dr. Ludwig Ganghofer. Wie in Nürnberg, so hatte auch der Kaiser hier in München den Wunsch geäußert, Dr. Ganghofer zu sehen und mit ihm zu sprechen. Der Empfang fand im alten Wintergarten der Residenz statt, der direkt an die Gemächer, die der Kaiser hier bewohnte, anstößt. Der Wintergarten bot in seiner herrlichen Blumenpracht einen entzückenden Anblick und einen angenehmen Aufenthalt. Auf dem freien Platz vor dem Garten war ein kostbarer Teppich ausgebreitet und dort eine kleine Tafel gedeckt. Die Herren nahmen an der Tafel Platz, während der Kaiser Ganghofer zu einer Promenade durch den Garten einlud, die sich über fünfviertel Stunde ausdehnte. Der Kaiser unterhielt sich mit Ganghofer außerordentlich lebhaft zunächst über die Arbeiten des Dichters.

Der Kaiser erwähnte, daß er noch in der letzten Zeit den „Hohen Schein“ gelesen habe, und sprach im Anschluß hieran längere Zeit eingehend über den Inhalt und den Gedankengang dieses Buches. Aus der Art und Weise, wie er darüber sprach, sah man, wie intensiv sich der Kaiser mit einer Sache beschäftigt.

Was ihm an dem Buche besonders gefällt, das ist, so drückte sich der Kaiser aus, der daraus hervortönende optimistische Klang, die Predigt, die den Glauben an das Leben und die Aussöhnung mit den Schatten des Daseins, das Vertrauen auf die Zukunft und das Vertrauen auf die Menschen fordert. „Das machte auf Mich“, sagte der Kaiser,

„einen solchen Eindruck, weil Ich ein Optimist durch und durch bin und Mich durch nichts abhalten lassen werde, dies bis an Mein Lebensende zu bleiben." Der Kaiser nannte sich selbst einen Mann, der von Arbeit erfüllt ist und an seine Arbeiten glaubt, und fügte hinzu: „Ich will vorwärts kommen. Ich würde Mich sehr freuen, wenn man das, was Ich will, auch verstehen wollte und Mich dabei unterstützen würde." Im Anschluß hieran sprach der Kaiser auch über die schwierige Stellung, die man bei jeder Arbeit dem Mißtrauen gegenüber habe. Er berief sich dabei wieder auf eine Stelle aus Ganghofers „Schweigen im Walde",*) die auch seinen Empfindungen besonders entsprochen habe, weil sie seine eigenen Anschauungen dem Leben gegenüber wiedergebe. Die Stelle lautet: „Der Mißtrauische begeht ein Unrecht am anderen und schädigt sich selbst. Wir haben die Pflicht, jeden Menschen für gut zu halten, so lange er uns nicht das Gegenteil beweist." „Nach diesem Grundsatz", sagte der Kaiser, „habe Ich von jeher jeden Menschen genommen, mit dem Ich zu tun hatte. Man macht manchmal ja auch schlechte Erfahrungen, aber dadurch darf man sich nicht abhalten lassen. Man muß immer wieder mit neuem Vertrauen an die Menschheit und an das Leben herantreten."

Der Kaiser brachte dann das Gespräch auf eine Spruchtafel, die er in Schwabacher Schrift mit bunten Initialen in Steindruck hat herstellen lassen. Sie enthält neben dem obigen Spruch noch mehrere aphoristisch gehaltene Sinnsprüche aus dem genannten Roman Ganghofers und beginnt mit den Worten: „Stark sein im Schmerz; nicht wünschen, was unerreichbar oder wertlos usw." Jetzt ist sie allgemein im Handel verbreitet. Der Kaiser ließ aus seinen Gemächern eine solche Tafel holen und machte sie Dr. Ganghofer zum Geschenk.

Was auf der Tafel stehe, sei ihm so sympathisch, weil es durchaus seinen Lebensanschauungen entspreche. Man komme doch mit einem gesunden Stück Optimismus und

*) Der Kaiser besitzt die Gesammelten Schriften Ganghofers, Stuttgart, 30 Bände, in prächtig gebundener Ausgabe als Geschenk des Dichters.

mit einer helleren und vertrauensvolleren Lebensanschauung sowohl im eigenen Leben wie bei den Berufsarbeiten viel weiter, als wenn man alle Dinge mit pessimistischem Auge ansehe, und in der Politik sei das auch nicht anders. Das deutsche Volk habe doch eine Zukunft, und da sei es ein Wort, das ihn immer kränke, so oft er es höre, das sei das Wort „Reichsverdrossenheit". Was hat man von der Verdrossenheit? Lieber arbeiten und vorwärts schauen. Ich arbeite ja auch unverdrossen und glaube, daß Ich dabei doch vorwärts komme.

Im Anschluß an dieses Wort schilderte der Kaiser eingehend die Art und Weise, wie er täglich arbeitet und wie ihn oft die Fülle und Schwere der Pflichten und Arbeiten, die auf ihn heranstürmen, schwer ermüden. Daraus mache sich bei ihm immer das Bedürfnis geltend, einmal auszuspannen und wieder ein neues Stück Welt zu sehen, wieder andere Menschen kennen zu lernen, die wieder anregend wirken. So sei auch die Nordlandreise für ihn immer eine körperliche und geistige Erfrischung.

Der Kaiser schilderte lebhaft und plastisch, wie so eine Reise allmählich beruhigend und erfrischend wirke. In den ersten Tagen, da gäbe es noch immer eine Fülle von Arbeit. Telegramme und Briefe kämen noch auf das Schiff, und er und seine Umgebung könnten sich lange nicht von der Arbeit trennen. Dann werde es immer ruhiger und einsamer, bis man endlich die volle Ruhe gefunden habe, um sich ganz der herrlichen Natur und ihren Schönheiten zu widmen. Der Kaiser gab dann lebendige Schilderungen von seinen Reisen, von den eigenartigen Schönheiten der Fjorde, von dem Eindruck der Mitternachtssonne. Namentlich sprach er seine Freude über die Einfachheit und Herzlichkeit der Leute, die ihm dort so ungekünstelt entgegenkämen, aus. Alles, was Mich drückt, ist auf einige Wochen von Mir abgelöst, und das, was Mich freut, das verübeln Mir vielfach die Leute. Ich weiß, daß man Mich den Reisekaiser nennt, aber das habe Ich immer nur heiter aufgenommen. Ich lasse Mir dadurch die Freude an der Welt nicht nehmen. Die Reise macht auch Freunde, und gerade auch innerhalb der eigenen Heimat. Ich glaube, dadurch wird das Gefühl der Zusammengehörigkeit noch gestärkt, und, fügte er hinzu, viele Deutsche wissen gar nicht, wie schön unsere Heimat ist, und wie viel es da zu sehen gibt. Ich freue Mich immer, wenn Ich ein neues Stück Deutschlands kennen lerne. Besonders der Süden sei ihm landschaftlich und durch die Art des Verkehrs so sympathisch, und er erinnere sich immer mit ganz besonderem Vergnügen einer Reise, die er vor vielen Jahren nach Berchtesgaden gemacht habe, und an die schönen Tage, die er bei seinem Onkel, dem Herzog von Koburg, in den Bergen, in der Hinterriß, habe zubringen können. Wenn bei ihm das Reisen nur nicht mit so viel Umständen verbunden wäre. Man muß immer einen großen Apparat in Bewegung setzen. Oft möchte Ich Mich am liebsten in ein Automobil setzen und ein paar Tage flott hinausfahren und zufrieden und arbeitsfroh wieder nach Hause kommen. Und solche Erfrischungen braucht man gerade in Meinem ernsten Beruf sehr notwendig, doppelt notwendig, weil man gegen viele Mißverständnisse zu kämpfen hat; denn man ist da immer in einer undankbaren Lage, weil man Uns keine Selbständigkeit zubilligt. Gelingt Mir etwas, so fragt alle Welt: „Wer hat ihm das geraten?" Und mißlingt Mir etwas, so heißt es: „Er hat es nicht verstanden." Was man bei anderen Fürsten als selbstverständlich betrachtet, da fragt man bei Mir immer „warum?", und die einzige Antwort kann doch nur sein: „Weil Ich für das Deutsche Reich und für das deutsche Volk das Gute will."

„Manchmal erfährt man ja auch viel Gutes, und zwar," fügte der Kaiser hinzu, „am meisten auf Meinen Reisen, die man Mir so zum Vorwurf macht." So seien ihm die Tage in München eine ungetrübte Freude gewesen, an die er sich immer erinnern werde. Das Warme und Herzliche in der Art der Bevölkerung, das farbenfrohe und schöne Bild der Stadt in ihrem künstlerischen Schmuck habe ihn entzückt.

Das Gespräch ging dann noch über verschiedene Fragen der Literatur und der Politik. Auch von seiner Familie erzählte der Kaiser, und hier ist besonders wohltuend die Herzlichkeit, mit der der Kaiser von ihr sprach. Er sagte immer nur meine Frau und meine Buben. In ganz besonders herzlicher Weise sprach dann der Kaiser noch über unseren Regenten, dessen Rüstigkeit und Aufopferung bei den so anstrengenden Tagen er rühmte und dabei den Wunsch aussprach, daß der hohe Fürst uns allen noch recht lange erhalten bleiben möge.

Donaueschingen, den 2. Dezember 1912.

Mein lieber Herr Chamberlain!

Wenn ich auch zunächst nur einen flüchtigen Blick in das mir freundlich übereignete Exemplar Ihres „Goethe" habe tun können, so hat er doch genügt, mir zu zeigen, daß es Ihrer bewährten Meisterhand gelungen ist, der gebildeten Welt die Persönlichkeit des großen deutschen Geisteshelden mit der Ihnen eigenen ursprünglichen Auffassung in neuem Bilde vor Augen zu führen. Ich freue mich darauf, in Stunden der Muße Ihren Gedankenreichtum näher auf mich wirken zu lassen und unter Ihrer Führung mich an der Lichtgestalt und dem Geiste des Altmeisters zu erbauen. Schon jetzt aber möchte ich mit meinem wärmsten Dank für die mir erneut erwiesene Aufmerksamkeit nicht zurückhalten und verbleibe ich

Ihr allezeit wohlgeneigter
Verehrer und Bewunderer
Wilhelm

(H. St. Chamberlain, Briefwechsel mit Kaiser Wilhelm II.)

Eröffnung des Neubaues der Schack-Galerie.

18. September 1909.

Wollen Euere Königliche Hoheit Mir huldvollst gestatten, Sie in den neuen Räumen der Schackschen Galerie willkommen zu heißen. Der alte Gedonsche Bau ist allmählich dem Zahn der Zeit erlegen, und es hat die schöne Sammlung des Grafen Schack in neue Räume übergeführt werden müssen. In harmonischer Umgebung und in günstiger Beleuchtung wird sie sich nunmehr dem Besucher zeigen können. Mögen der Münchener, dem sie ans Herz gewachsen, und der Fremde, der in den Mauern der gastlichen Kunststadt weilt, Freude und Erhebung beim Studium der Galerie empfinden. Die Sammlung sei aber zugleich dem Besucher ein Maßstab für die Beurteilung der jetzigen Kunst. Sie zeigt, daß der Künstler die schöne Aufgabe hat, nicht nur Vorkommnisse des alltäglichen Lebens in zum Teil drastischer, sensationeller und abstoßender Form zur Darstellung zu bringen, sondern vielmehr unter dem Einfluß der Ästhetik mit reinem Sinn, in vornehmer Auffassung, die Flamme des Ideals in der Brust, seine Zeitgenossen über die Misere des alltäglichen Lebens emporzuheben und das Schönheitsgefühl des Volkes zu pflegen und zu stärken. Ich danke Euerer Königlichen Hoheit für Ihr Erscheinen am heutigen Tage und bitte Euere Königliche Hoheit, nunmehr die Galerie für eröffnet zu erklären.

Zeichnung von Métivet. Vie Parisienne. 1903.

Die Sentimentalität, die in jeder deutschen Seele ruht, soll in poetischen Schöpfungen auch zum Ausdrück kommen: aber da, wo es sich um Balladen und Mannestaten handelt, muß der Männerchor energisch zur Geltung kommen, am besten in einfachen Kompositionen.
(Wilhelm II. am 6.6.1903 zu den Dirigenten der Gesangsvereine.)

Da liest man jetzt, zu Wiesbaden habe sich Seine Majestät der Deutsche Kaiser ostentativ geweigert, einen Saal zu betreten, der mit Bildern von Fritz Erler geschmückt war.
Das gibt weiter keinen Anlaß, über ihren Wert zu streiten. Ich könnte mich auch nicht daran beteiligen, weil ich sie nicht gesehen habe; daß sie dem Kaiser nicht gefielen, beweist jedenfalls nichts gegen sie.
Aus anderen Gesichtspunkten ist das Vorkommnis beachtenswert.
Wie hoch muß der Monarch das Bürgertum werten, wenn er als Gast einer Stadt sich aber auch so gar keinen Zwang auferlegt?
Es war nicht notwendig, daß ihm das Wiesbadener Kurhaus gefiel, aber es war notwendig, daß er wenigstens so tat.
Statt dessen haben Seine Majestät der in Ehrfurcht ersterbenden Einwohnerschaft das Vergnügen an der teuern Zurichtung verdorben und löblichen Magistrat wie Bürgermeister vor gesamten Untertanen desavouiert.
Ohne jeden Grund.
Denn der Kaiser, der tagelang den Berliner Dom und das Nationaldenkmal sieht, konnte wahrhaftig die „farbenfreudigen" Bilder Fritz Erlers zehn Minüten lang betrachten.
Einige Details machen die Sache noch hübscher. Auf Befehl des Monarchen sperrten die Bürger Wiesbadens

in ihrem eigenen Hause den verfemten Saal ab und schlichen durch einen dunklen, engen Gang, der von den Installateuren als Abort benützt worden war, in den nächsten Raum.
Sie wären ganz gewiß auch durch eine Abtrittsröhre geschloffen ...
Vor vierzig Jahren wäre ein solcher Mangel an Selbstachtung nicht wohl denkbar gewesen; heute ist er selbstverständlich, und morgen wird er von den guten und treuen Bewohnern irgendeiner anderen Stadt überboten.
Davon soll man reden.
Nicht von dem künstlerischen Geschmacke des Deutschen Kaisers. Der geht uns nichts an.
(Ludwig Thoma, Der Kaiser in Wiesbaden, 1907.)

Festtafel für die Provinz Ostpreußen im Moskowitersaal des Königlichen Schlosses am Abend des 25. August.

Der Kaiser hielt die nachstehende Rede:

Es liegt Mir am Herzen, den Herren der Provinz der Freude Ihrer Majestät und Meiner Ausdruck zu geben, daß Wir wiederum in den Grenzen dieses schönen Landes Uns befinden und daß Wir von seiten der Bürgerschaft Unserer treuen Königsstadt und der Provinz in so begeisterter Weise empfangen worden sind. Die Stimmung, die in diesen Tagen in Königsberg zum Ausdruck kommt, ist der Beweis dafür, daß ganz besonders innige Bande Stadt und Provinz mit Unserem Hause verbinden. Und in der Tat, wenn man zurückblickt auf die Geschichte des Landes und des Hauses, so ergibt sich daraus, daß große und bedeutende Abschnitte beiden gemeinsam sind. Hier war es, wo der Große Kurfürst aus eigenem Recht zum souveränen Herzog in Preußen sich machte, hier setzte sich sein Sohn die Königskrone aufs Haupt, und das souveräne Haus Brandenburg trat damit in die Reihe der europäischen Mächte ein. Friedrich Wilhelm I. stabilierte hier seine Autorität „wie einen rocher de bronce", unter Friedrich dem Großen hat die Provinz Freude und Leid seiner Regierung geteilt, dann kam die schwere Zeit der Prüfung. Der große Soldatenkaiser der Franzosen residierte hier im Schloß und ließ, nachdem Preußens Macht zusammengebrochen war, seine erbarmungslose Hand Stadt und Land fühlen. Hier wurde aber auch der Gedanke der Erhebung und der Befreiung des Vaterlandes am ersten zur Tat. Auf Tauroggen folgte der begeisterte Beschluß des preußischen Provinziallandtages, als der alte eiserne Yorck die Herren mit flammender Rede begeisterte, das Werk der Befreiung zu beginnen. Und hier setzte sich Mein Großvater wiederum aus eigenem Recht die preußische Königskrone aufs Haupt, noch einmal bestimmt hervorhebend, daß sie von Gottes Gnaden allein ihm verliehen sei und nicht von Parlamenten, Volksversammlungen und Volksbeschlüssen, und daß er sich so als auserwähltes Instrument des Himmels ansehe und als solches seine Regenten- und Herrscherpflichten versehe. Und mit dieser Krone geschmückt, zog er vor vierzig Jahren ins Feld, um zu ihr noch die Kaiserkrone zu erringen. Fürwahr, was für ein Weg bis zu dem berühmten Telegramm des Kaisers an Meine selige Großmutter: „Welche Wendung durch Gottes Fügung!" Dieses Bild würde jedoch unvollkommen sein, wenn Ich nicht einer Figur gedächte, die besonders in diesem Jahre das preußische, und Ich kann wohl sagen, das deutsche Volk beschäftigt und von neuem gepackt hat. Es ist die Zeit unseres Zusammenbruches und unserer Erhebung gar nicht denkbar ohne die Gestalt der Königin Luise! Auch die Stadt Königsberg und die Provinz Ostpreußen hat diesen Engel in Menschengestalt unter sich wandeln gesehen, ist von ihr beeinflußt worden und hat auch mit ihr so schweres Leid getragen. Die hohe Königin ist von vielen Seiten eingehend geschildert worden, und unser Volk hat sich in dankbarer Erinnerung mit ihr beschäftigt. Aber Ich meine, das Eine kann nicht genug hervorgehoben werden, daß in dem allgemeinen Zusammenbruch unseres Vaterlandes, wo selbst Staatsmänner und Heerführer alles für verloren gaben, die Königin die einzige gewesen ist, die nie einen Augenblick an der Zukunft des Vaterlandes gezweifelt hat. Sie hat durch ihr Beispiel, durch ihre Briefe, durch ihr Zureden und durch die Erziehung ihrer Kinder dem Volk den Weg gewiesen, auf dem es sich wiederfinden konnte. Sie hat die Umkehr zur Religion und damit die Umkehr zur Selbsterkenntnis und zum Selbstvertrauen gewiesen. Sie hat unser Volk angefeuert zu dem Gedanken, sich wieder um den König zu scharen und die Freiheit zurückzugewinnen. Und als sie — eine hohe Märtyrerin — verblichen war und die Begeisterung im Lande aufflammte, und alt und jung zu den Waffen griff, um die Unterdrücker aus dem Lande zu treiben, da ist sie im Geiste vor den Fahnen hergeschritten und hat den Mut der Krieger belebt, daß das große Werk vollbracht werden konnte. Was lehrt uns die hohe Figur der Königin Luise? Sie lehrt uns, daß, wie sie einst ihre Söhne vor allen Dingen mit dem einen Gedanken erfüllt hat, die Ehre wiederherzustellen, das Vaterland zu verteidigen, wir Männer alle kriegerischen Tugenden pflegen sollen; wie in der Zeit der Erhebung jung und alt herbeiströmte und das letzte hergab, wie selbst Frauen und Mädchen ihr Haar nicht schonten, so sollen auch wir stets bereit sein, um vor allem unsere Rüstung lückenlos zu erhalten, im Hinblick darauf, daß unsere Nachbarmächte so gewaltige Fortschritte gemacht haben. Denn nur auf unserer Rüstung beruht unser Friede. Und was sollen unsere Frauen von der Königin lernen? Sie sollen lernen, daß die Hauptaufgabe der deutschen Frau nicht auf dem Gebiet des Versammlungs- und Vereinswesens liegt, nicht in dem Erreichen von vermeintlichen Rechten, in denen sie es den Männern gleichtun können, sondern in der stillen Arbeit im Hause und in der Familie. Sie sollen die junge Generation erziehen, vor allen Dingen zum Gehorsam und zum Respekt vor dem Alter! Sie sollen Kindern und Kindeskindern klar machen, daß es heute nicht darauf ankommt, sich auszuleben auf Kosten anderer, seine Ziele zu erreichen auf Kosten des Vaterlandes, sondern einzig und allein das Vaterland im Auge zu haben, einzig und allein alle Kräfte und Sinne für das Wohl des Vaterlandes einzusetzen. Das ist die Lehre, die die hohe Gestalt uns überliefert hat, die unser Vaterland und die Bürgerschaft dieser Stadt auf ihrem schlichten Denkmal so schön „den guten Genius Preußens" genannt hat. Ich hege die feste Hoffnung, daß alle hier versammelten Ostpreußen Mich verstehen, und daß, wenn sie wieder heimgehen zu ihrem Werk und ihrer Hantierung, sie sich von diesem Gedanken erfüllen lassen. Alles soll mitarbeiten am Wohl des Vaterlandes, gleichgültig, wer und wo er sei. Und ebenso wird für Mich der Weg dieser hohen Verblichenen vorbildlich sein, wie er Meinem Großvater vorbildlich war. Als Instrument des Herrn Mich betrachtend, ohne Rücksicht auf Tagesansichten und -Meinungen, gehe Ich Meinen Weg, der einzig und allein der Wohlfahrt und friedlichen Entwicklung unseres Vaterlandes gewidmet ist. Aber Ich bedarf hierbei der Mitarbeit eines jeden im Lande, und zu dieser Mitarbeit möchte Ich auch Sie jetzt aufgefordert haben. Daß diese Gesinnung in der Provinz Ostpreußen stets herrsche und Mir Ihre Hilfe in Meinem Streben zuteil werden möge, darauf leere Ich Mein Glas. Es lebe die Provinz Ostpreußen. Hoch! Hoch! Hoch!

Beim Gespräch über Steuern äußerte der Kaiser: „Steuern müssen sie zahlen, bis sie schwarz werden." Am meisten macht mich an ihm immer stutzig, daß er keinen Begriff von Nationalökonomie hat. Nach seiner Auffassung hat das Volk alles zu zahlen, was nötig ist, und Sache der Minister ist es, auf irgendeine Art dies „Nötige" aus dem Volk herauszuziehen. In dieser Beziehung sind andere Herrscher, waren sie auch vielleicht in der Wahl ihrer Mittel noch skrupelloser, doch besser orientiert und einsichtiger gewesen. Ich denke dabei an Friedrich den Großen, Napoleon und Ludwig XIV. Daß man jetzt in der Wahl der Mittel nicht mehr so gewaltsam ist, liegt in den veränderten Zeitverhältnissen und vielleicht daran, daß der Kaiser im Grunde weich und schwach ist.

(Zedlitz-Trützschler, S. 242.)

Fahnenübergabe an die Prima des Königlichen Friedrichs-Gymnasiums in Kassel.

19. August 1911.

Ich habe beschlossen, der Prima statt der Fahne, die Meine Eltern gestiftet haben, als Ich Schüler war, und die ein Opfer der Zeit geworden ist, eine neue sticken zu lassen. Das Gymnasium hat darum gebeten, die alte zurückzubekommen; Ich werde sie zurechtmachen lassen, damit sie aufgehängt werden kann; Ich wünsche durch sie die Erinnerung daran erhalten zu sehen, daß aus Ihrer Anstalt und deren Arbeit ein deutscher Kaiser hervorgegangen ist.

Sie beschäftigen sich mit dem Studium der Antike. Legen Sie dabei den Hauptwert nicht auf die Einzelheiten des politischen Lebens; denn diese Verhältnisse haben sich so geändert, daß sie nicht mehr auf die Jetztzeit übertragen werden können. Wohl mögen Sie an manchen großen Gestalten und Charakteren des Altertums sich erfreuen, doch einen besonderen Vorzug hat das Griechentum, den kein anderes Volk aufzuweisen hat: die Harmonie, an der es unserer Zeit so sehr fehlt, zeigt das Griechenvolk in der Kunst, im Leben, in den Bewegungen, in den Kostümen, ja sogar in den Systemen der Philosophie und in der Behandlung ihrer Probleme. Ganz besonders empfehle Ich Ihnen zu lesen, was Chamberlain in der Einleitung zu seinen Grundlagen des 19. Jahrhunderts über diesen Punkt in trefflicher Weise sagt.

Und dann vor allem treiben Sie vaterländische Geschichte und lernen Sie das Elend unseres Volkes in den letzten Zeiten des Mittelalters, in den Kämpfen zwischen Staat und Kirche und zwischen den Fürsten und den Streit der Konfessionen im 30jährigen Kriege kennen, wo unser Volk zerstampft wurde und verbraucht im Dienste fremder Völker und Dynasten, mit denen seine Interessen gar nichts zu tun hatten, bis auf den großen Zusammenbruch zur Zeit Napoleons. Erst 1870 hat den einheitlichen germanischen Staat uns wiedergebracht. Und wenn Sie ins politische Leben eintreten, halten Sie den Blick aufs Ganze gerichtet, unbeirrt durch die Partei. Denn diese schiebt ihre Interessen vor die des Vaterlandes und zieht häufig einen Vorhang zwischen Sie und das Vaterland. Und wenn Sie das politische Treiben zu verwirren droht, so rate Ich Ihnen für einige Zeit sich zurückzuziehen, sei es auf Reisen, sei es auf einem Spaziergang, und die Natur auf sich wirken zu lassen. Kehrt man dann zurück, so hat man einen freieren Blick über die realen Verhältnisse. Wenn die Wogen einmal über Ihnen zusammenschlagen, wenn so manche Erscheinungen der modernen Kunst und Literatur verwirrend und niederziehend wirken, so können Sie immer wieder sich emporrichten an jenen Idealen des Altertums.

Sie stehen vor dem Abgang zur Hochschule. Da möchte Ich Ihnen noch einen Rat geben, den Sie nicht scherzhaft auffassen sollen, sondern der Mir bitterer Ernst ist. Der Alkohol ist eine Gefahr für unser Volk, die Mir, glauben Sie es Mir, große Sorge macht. Ich führe 23 Jahre die Regierung und weiß aus den Schriftstücken, die Mir durch die Hand gehen, wie viele Verbrechen durch den Alkohol herbeigeführt werden. Richten Sie den Blick auf ein Nachbarland: Die Amerikaner sind uns hierin weit voraus. Auf den Universitäten dort wird Tüchtiges geleistet, wovon man sich auch hier überzeugen kann, da so viele Studenten von dort zu uns kommen. Dort sehen Sie bei den Vereinigungen und bei den großen akademischen Festen, z. B.

bei Einführung eines Rektors, auf der ganzen Tafel keinen Wein; es geht auch da ohne. Wenn Sie die Universität beziehen, stählen Sie Ihren Körper durch Sport, auch durch den Kampf mit dem Rappier, was Ich keinem übelnehmen werde, durch Rudern, aber suchen Sie keinen Rekord aufzustellen, wer die größte Menge geistiger Getränke verschlingen kann. Das sind Sitten, die aus einer anderen Zeit stammen. Wenn Sie in den Korps und Verbindungen in diesem Sinne wirken wollen, werde Ich Ihnen dankbar sein. Wir haben jetzt andere Aufgaben als früher und müssen nationalökonomische und finanzielle Kenntnisse uns aneignen. Denn es gilt Deutschland seine Stellung in der Welt, besonders auf dem Weltmarkte, zu wahren. Dazu müssen wir alle fest zusammenhalten.

Hiermit übergebe Ich Ihnen die Fahne. Der Primus omnium, so nehme Ich an, wird sie tragen und es als eine Ehre ansehen, daß er der erste ist, der sie trägt.

Am 14. Mai 1912 sagte der Kaiser in Straßburg zu Herrn Zorn von Bulach: „Wenn das nicht aufhört, schlage ich eure Verfassung in Scherben. Bisher kannten Sie mich nur von der guten Seite, Sie könnten mich aber auch von der anderen kennenlernen. Ja, wenn das fortdauert, mache ich aus Elsaß-Lothringen eine preußische Provinz."

(Paul Liman, Der Kaiser, Leipzig 1913. S. 431.)

Karl Liebknecht im deutschen Reichstag vom 20. Juni 1913: „Meine Herren, daß diese Redewendung nicht etwa isolierte Äußerungen einer einzelnen, in mittelalterlichen Anschauungen befangenen, einem mystischen Militarismus vertretenden Persönlichkeit sind, das beweist eine große Anzahl von Äußerungen ganz verwandter Art von verschiedenen Personen."

Der Festakt im Lichthof des Verwaltungsgebäudes der Firma Krupp.

Außer der Familie Krupp hatten sich dort der Reichskanzler, die preußischen Minister Breitenbach, von Heeringen, Sydow, die Staatssekretäre Delbrück und Tirpitz, Unterstaatssekretär Zimmermann, der sächsische Kriegsminister Generaloberst von Hausen und viele andere hohe Beamte und Offiziere versammelt. Ferner der Oberbürgermeister von Essen, die Spitzen der Kommunalbehörden, der Aufsichtsrat, die Direktoren und Beamten der Firma Krupp, Arbeiter, Aufseher, Steiger und Obersteiger. Nach dem Vorspiel zur Oper „Rienzi" hielt Herr Krupp von Bohlen und Halbach eine Ansprache, die mit dem Kaiserhoch schloß. Darauf bestieg der Kaiser das Rednerpult und beglückwünschte die Firma mit folgender Rede:

Die Geschichte des Werks, dessen hundertjähriges Bestehen wir heute feiern, ist ein Stück preußischer und deutscher Geschichte. Seine Gründung fällt in das Jahr, mit dessen Schluß für Preußen und Deutschland die Morgenröte der Befreiung von der Fremdherrschaft anbrach und die Epoche begann, die von Leipzig bis nach Versailles zur Einigung Deutschlands unter preußischer Hegemonie führte. Die ersten Jahrzehnte mühseligen Ringens, durch die das Werk hindurchmußte, fallen in die Zeit, da in Preußen unter einer freien Gewerbegesetzgebung, lebhaft gefördert und unterstützt durch Meine Vorfahren, in stiller, emsiger Arbeit eine Industrie entstand, die inzwischen in hundertjähriger Entwicklung den heimischen Markt eroberte und auf dem Weltmarkt zum erfolgreichen Konkurrenten aller Kulturstaaten erwachsen ist.

Die Annalen dieser politischen und wirtschaftlichen Entwicklung werden den Namen Krupp stets mit Ehren nennen. Kruppsche Geschütze haben in den preußischen Linien auf den Schlachtfeldern gedonnert, auf denen Deutschlands Einheit vorbereitet und erkämpft wurde. Kruppsche Geschütze werden auch heute noch vom deutschen Heere und der deutschen Marine geführt, auf Kruppscher Werft erbaute Schiffe führen die deutsche Kriegsflagge, Kruppscher Stahl bewahrt Schiffe und Forts, zahlreiche Armeen des Auslandes bedienen sich Kruppschen Kriegsmaterials.

Aber die waffentechnischen Leistungen des Werks werden fast noch übertroffen durch Leistungen auf Gebieten, die der friedlichen Entwicklung der Völker dienen.

Die gesamte Technik des modernen Verkehrs, die Eisenbahnräder, -achsen, -schienen, die Wellen des Schiffs wie des Kraftwagens beruhen heute noch auf dem Gußstahl und den genialen Konstruktionen Alfred Krupps. So ist denn auch nicht ein kriegerisches, sondern ein kulturelles Fabrikat, der Radreifen, in der Fabrikmarke und im Familienwappen versinnbildlicht.

Das Kruppsche Werk war nicht nur der erste Großbetrieb Deutschlands, sein großer Leiter war auch der erste, der in Deutschland die sozialpolitischen Probleme erkannte und zu lösen versuchte, die aus der neuen Betriebsweise erwuchsen. Die Kranken-, Invaliden- und Hinterbliebenenfürsorge der Firma, ihre Konsumanstalten und Fortbildungsschulen, ihre mustergültige Wohnungspolitik haben in der deutschen Großindustrie bahnbrechend gewirkt und die sozialpolitische Gesetzgebung des Deutschen Reiches vorbereiten helfen.

Was Alfred Krupp in einem langen arbeitsreichen Leben genial ersonnen und mit eisernem Willen in die Tat umgesetzt hat, ist inzwischen Gemeingut aller und die Grundlage einer bedeutenden vaterländischen Industrie geworden, deren Entwicklung dem deutschen Können und dem deutschen Schaffensdrang zur hohen Ehre gereicht. Aber sein Werk ist noch immer führend nicht nur auf technischem Gebiete — die Konkurrenz hat es nur zu neuer Kraftentfaltung beflügelt —, sondern auch durch die hohe Auffassung von den Pflichten des Großunternehmers gegenüber den Angehörigen des Werkes wie gegenüber der Allgemeinheit.

So haben die in Krieg und Frieden dem Vaterlande geleisteten Dienste für dies Werk eine besondere Stellung in Meinem Staate geschaffen und durch nunmehr drei Generationen seine Inhaber und ihre Familien zu Meinen Vorfahren- und Mir in ein Verhältnis freundschaftlichen Vertrauens gesetzt. Es gereicht Mir zur freudigen Genugtuung, das Werk, seine Inhaber und Angehörigen zu dem heutigen Ehrentage persönlich beglückwünschen zu können, und Ich kann das Bekenntnis der Treue zu Kaiser und Reich, das Ich soeben vernommen habe, nur mit dem Wunsche beantworten, daß es den jetzigen Leitern des Hauses gelingen möge, es weiter zu führen, treu den Traditionen des Hauses, zur Ehre des Namens Krupp, zum Ruhme unserer Industrie und zum Wohle des deutschen Vaterlandes.

Die einzige Säule, auf der unser Reich besteht, war das Heer. So auch heute!

(Aus einer Rede Wilhelms im Oktober 1894.)

Die an Panzertürmen, Lafetten, Platten usw. gewaltige Summen verdienende Großindustrie benützt die Neigung des Kaisers, um Geschäfte zu machen. Der Kaiser fand keinen Widerstand, als er das Ostheer zugunsten des Westheeres schwächte.

(Waldersee, Denkwürdigkeiten, Stuttgart 1922/23. S. 401.)

Man rechnet längst in der Armee mit den „Details", welche Bebel alljährlich dem Kriegsminister aufzuzählen pflegt. Man weiß, daß es vor diesen Details keinen Pardon gibt. Ob man dadurch im allgemeinen menschlicher hat fühlen lernen auf dem Kasernenhof? Kaum! Man ist nur vorsichtiger geworden. Man vergewissert sich vor allem, ob der Rekrut irgendwelche Beziehungen zum Sozialismus hatte, ehe er ausgemustert wurde.

(Wilhelm II. und die Schwarzseher, S. 111/112.)

Dennoch durfte Wilhelm sich den Friedenskaiser nennen lassen; er wollte nicht, was er sprach, ein glänzender Erbe, der alle Hände voll zu tun hat mit Einheimsen, Prunken, Spielen, kann den Ernstfall nicht wollen. Der Ernstfall war in seinem Munde ein dramatisches Requisit, eine nur gedachte Ausflucht aus selbstgeschaffenen Verlegenheiten, keine Vorstellung, kein Ernst. Wie er, sein Untertan: zu phantasiearm und zu eitel, um die Folgen des eigenen Treibens zu ermessen. Gewalt im Sinn, aber solange die Futter- und Geldhaufen noch anschwellen, nicht geneigt zur Gewalt.

(Heinrich Mann, Kaiserreich und Republik, 1919.)

Dann kam der Krieg.
Das tatenscheue, hin und her schwankende, sich an Phrasen berauschende, nichts ganz, alles nur halb wagende, persönliche Regime führte ihn zum schlimmen Ende. Was dagegen zu tun war, hätte vorher getan werden müssen.

(Ludwig Thoma, Damals - - . 1920.)

31. Juli 1914

Eine schwere Stunde ist heute über Deutschland hereingebrochen. Neider überall zwingen uns zu gerechter Verteidigung. Man drückt uns das Schwert in die Hand. Ich hoffe, daß, wenn es nicht in letzter Stunde Meinen Bemühungen gelingt, die Gegner zum Einsehen zu bringen und den Frieden zu erhalten, wir das Schwert mit Gottes Hilfe so führen werden, daß wir es mit Ehren wieder in die Scheide stecken können. Enorme Opfer an Gut und Blut würde ein Krieg vom deutschen Volke erfordern, dem Gegner aber würden wir zeigen, was es heißt, Deutschland anzugreifen. Und nun empfehle Ich euch Gott. Jetzt geht in die Kirche, kniet nieder vor Gott und bittet ihn um Hilfe für unser braves Heer!

(Deutscher Geschichtskalender)

Es ist immer gut, daß wir Menschen daran erinnert werden, daß auch uns ein Ende beschieden ist.

(Aus einer Rede Wilhelms auf die Huldigungsansprache des Oberbürgermeisters in Wesel, 21. Juni 1902.)

1. August 1914

Aus tiefem Herzen danke Ich euch für den Ausdruck eurer Liebe, eurer Treue. In dem jetzt bevorstehenden Kampf kenne Ich in Meinem Volke keine Parteien mehr. Es gibt unter uns nur noch Deutsche, und welche von den Parteien auch im Laufe des Meinungskampfes sich gegen Mich gewendet haben sollte, Ich verzeihe ihnen allen von ganzem Herzen. Es handelt sich jetzt nur darum, daß alle wie Brüder zusammenstehen, und dann wird dem deutschen Schwert Gott zum Siege verhelfen.

(Deutscher Geschichtskalender)

Neben dieser offiziellen Kundgebung ging damals ein anderes Kaiserwort durch das Volk und wurde mit leuchtenden Augen weitergegeben, das war von einer Geste mit geballter Faust begleitet und hieß: „Nun aber wollen wir sie dreschen.“

(Friedrich Everling, Kundgebungen unseres Kaisers im Kriege, Berlin 1915. S. 7.)

DER OPTIMIST: Aber es gibt doch wenigstens wieder ein Ideal. Ist es da mit dem Übel nicht vorbei?

DER NÖRGLER: Das Übel gedeiht hinter dem Ideal am besten.

(Karl Kraus, Die letzten Tage der Menschheit.)

An das Deutsche Volk.

Seit der Reichsgründung ist es durch 43 Jahre Mein und Meiner Vorfahren heißes Bemühen gewesen, der Welt den Frieden zu erhalten und im Frieden unsere kraftvolle Entwickelung zu fördern. Aber die Gegner neiden uns den Erfolg unserer Arbeit.

Alle offenkundige und heimliche Feindschaft von Ost und West, von jenseits der See haben wir bisher ertragen im Bewußtsein unserer Verantwortung und Kraft. Nun aber will man uns demütigen. Man verlangt, daß wir mit verschränkten Armen zusehen, wie unsere Feinde sich zu tückischem Überfall rüsten, man will nicht dulden, daß wir in entschlossener Treue zu unserem Bundesgenossen stehen, der um sein Ansehen als Großmacht kämpft und mit dessen Erniedrigung auch unsere Macht und Ehre verloren ist.

So muß denn das Schwert entscheiden. Mitten im Frieden überfällt uns der Feind. Darum auf! zu den Waffen! Jedes Schwanken, jedes Zögern wäre Verrat am Vaterlande.

Um Sein oder Nichtsein unseres Reiches handelt es sich, das unsere Väter neu sich gründeten. Um Sein oder Nichtsein deutscher Macht und deutschen Wesens.

Wir werden uns wehren bis zum letzten Hauch von Mann und Roß. Und wir werden diesen Kampf bestehen auch gegen eine Welt von Feinden. Noch nie ward Deutschland überwunden, wenn es einig war.

Vorwärts mit Gott, der mit uns sein wird, wie er mit den Vätern war.

Berlin, den 6. August 1914.

Wilhelm.

Eine belgische Zeichnung:
Der deutsche Parademarsch

In seinen Reisebriefen „Zur deutschen Front" berichtet Ludwig Ganghofer folgendes Kaiserwort vom 17. 2. 1915:

Viele von den Leuten, die uns Deutsche immer nach den Äußerlichkeiten des Schliffs beurteilen und uns immer Barbaren nennen, scheinen nicht zu wissen, daß zwischen Zivilisation und Kultur ein großer Unterschied ist. England ist gewiß die höchst zivilisierte Nation; im Salon merkt man das immer. Aber Kultur haben bedeutet, tiefstes Gewissen und höchste Moral besitzen. Moral und Gewissen haben meine Deutschen. Wenn man von mir im Auslande sagt, ich hätte die Absicht, ein Weltreich zu gründen, so ist das der hellste Unsinn, der je über mich geredet worden ist. In dem Gewissen und dem Fleiß des Deutschen steckt seine erobernde Kraft, die sich die Welt erschließen wird.

(Deutscher Geschichtskalender)

WARNUNG

SOLDATEN, wahret Eure Gesundheit, alle Dirnen, Kellnerinnen und schlechten Frauen hier sind krank.

N° 37. ETAPPEN-KOMMANDANTUR.

Einige Tage später nahm der Kaiser wieder Veranlassung, die Tüchtigkeit der bayerischen Truppen zu beloben. Er hatte den ihm nahestehenden Dichter Ludwig Ganghofer bei sich. Gleich bei der Begrüßung sagte er ihm: „Na, Ganghofer, Ihre Bayern! Prachtvolle Leute! Die haben feste und tüchtige Arbeit gemacht!"

(Bogdan Krieger, Der Kaiser im Felde, S. 157.)

DER KAISER: Ja Ganghofer, sind Sie denn überall? Hören Sie mal Ganghofer, Sie sind gut!

GANGHOFER: Majestät, mei Gmüat hat sich bemüat den Siegeslauf der deutschen Heere einzuholen. Fix Laudon, dös is aber gach ganga! *(Er hüpft.)*

DER KAISER *(lachend):* 's ist gut Ganghofer, 's ist gut. Ha — haben Sie schon Mittagbrot gegessen?

GANGHOFER: Nein, Majestät, wer würde denn in so großer Zeit an so etwas denken?

DER KAISER: Um Gottes willen, da müssen Sie doch gleich etwas essen! *(Der Kaiser winkt, es wird ein Topf mit Tee gebracht nebst zwei festen Schnitten Gebäck. Der Kaiser greift selbst mit der Hand in eine Blechdose, stopft Ganghofer die Taschen mit Zwieback voll und sagt dabei immer wieder:)* Essen Sie Ganghofer, essen Sie doch! *(Der Photograph knipst.)*

DER KAISER: Waren Sie schon in Przemisel, Ganghofer? Essen Sie doch, um Gottes willen, essen Sie doch! *(Ganghofer ißt.)*

GANGHOFER: Untertänigsten Dank, Majestät. Sell woll, in Pschemisl.

DER KAISER: Na, sind Sie befriedigt? Ich meine von Przemisel. Aber essen Sie doch, essen Sie doch Ganghofer!

GANGHOFER *(essend):* Sell woll. Fein war's in dem Pschemisl.

DER KAISER: Haben Sie Sven Hedin gesehen? Essen Sie doch Ganghofer —

GANGHOFER *(essend):* Sell woll, den hab i gsehn.

DER KAISER *(dessen Auge glänzt)*: Das freut mich, daß Sie diesen Mann kennengelernt haben. Dieser Schwede ist ein Prachtmensch. Wenn Sie ihn wiedersehen — aber so essen Sie doch Ganghofer — grüßen Sie ihn herzlichst von mir.

(Ein russischer Flieger kommt von Osten her, er leuchtet in der goldenen Abendsonne wie ein goldener Käfer. Hinter ihm puffen Schrapnells empor. Der Kaiser steht ruhig, schaut hinauf und sagt):

Zu kurz!

(Die weiteren Schüsse bleiben weit hinter dem Flieger zurück. Der Kaiser nickt sinnend.)

Ja, Flügel haben, das heißt für die andern immer zu spät kommen. Essen Sie doch Ganghofer.

(Es tritt eine Pause ein, während deren Ganghofer ißt. Plötzlich wendet sich der Kaiser zum Dichter und sagt ihm mit gedämpfter Stimme, streng und langsam, jedes Wort betonend:)

Ganghofer — was — sagen Sie — zu — Italien?

(Erst nach einer Weile, während deren Ganghofer gegessen hat, vermag er zu antworten.)

GANGHOFER: Majestät, wie es kam, so ist es besser für Österreich und für uns. Der reine Tisch ist immer das beste Möbelstück in einem redlichen Haus.

(Der Kaiser nickt. Ein Aufatmen strafft die Gestalt.)

(Karl Kraus, Die letzten Tage der Menschheit, München 1957. S. 170/171.)

Unser schönes Masurenland ist eine Wüste, Unersetzliches ist verloren. Aber ich weiß Mich mit jedem Deutschen eins, wenn Ich gelobe, daß das, was Menschenkraft vermag, geschehen wird, um neues, frisches Leben aus den Ruinen entstehen zu lassen.

(Wilhelm nach der Winterschlacht am 19. 2. 1915.)

7. Februar 1915

Im Anschluß an einen Feldgottesdienst im Parke des polnischen Schlosses Niobowo hält der Kaiser folgende Ansprache an die Teilnehmer:

Soldaten! Es ist mir eine große Freude, daß es mir vergönnt war, heute mit Euch unter Gottes freiem Himmel und vor seinem Altare an diesem schlichten Feldgottesdienst teilzunehmen. Für das, was Ihr geleistet, spreche ich Euch meinen Dank und meine vollste Anerkennung aus, und überall in der Heimat und bei den Truppen, die im Westen kämpfen, blickt man dankbar und stolz auf Eure Taten. Eine schwere Aufgabe ist uns gestellt. Es gilt, die Existenzberechtigung Deutschlands noch einmal vor der ganzen Welt zu beweisen. Diese Aufgabe müssen und werden wir erfüllen. Keine Überschätzung des Feindes, aber auch keine Unterschätzung der eigenen Kraft! Wir Preußen sind es ja gewöhnt, gegen einen überlegenen Gegner zu fechten und zu siegen. Dazu gehört das feste Vertrauen auf unseren Alliierten dort oben, der unserer gerechten Sache zum Siege verhelfen wird. Wir wissen es aus unserer Kinderzeit, und als Erwachsene haben wir es beim Studium der Geschichte gelernt, daß Gott nur mit den gläubigen Heeren ist. So war es unter dem Großen Kurfürsten, so war es unter dem alten Fritz, so war es bei meinem Urgroßvater, unter meinem Großvater, und so ist es auch unter mir. Wie der große Schotte, wie Freund Luther es aussprach: Ein Mann mit Gott ist immer die Majorität.

Einen Vorteil haben wir gegenüber unseren Feinden: Sie haben keine Parole, sie wissen nicht, wofür sie kämpfen, für wen sie sich totschießen lassen. Sie tragen den schweren Tornister des bösen Gewissens, ein friedliebendes Volk überfallen zu haben. Wir aber ziehen gegen den Feind mit dem Sturmgepäck des leichten Gewissens. Zum Erfolg ist aber auch weiter nötig, daß jeder Mann seine Pflicht tut, und so erwarte und verlange ich von Euch, daß jeder sein Letztes hingibt an Gesundheit und Lebenskraft, bis der Sieg unser ist. Der Feind muß völlig niedergerungen werden, und die Friedensbedingungen werde ich mit den Bajonettspitzen meiner Soldaten diktieren.

(Deutscher Geschichtskalender)

Telegramm 24. April 1915.

Vom Geh. Zivilkabinett in der Urschrift brieflich mitgeteilt.

Herrn Houston Stewart Chamberlain, Bayreuth.

Nachdem ich Ihre mir freundlichst zugesandten „Neuen Kriegsaufsätze" mit klopfendem Herzen in Begeisterung gelesen habe, erkenne ich gern an, welche tiefgehende Wirkung dieselben auf mich gemacht. Ihre „geistigen Granaten", die im ganzen deutschen Volke und weit über dasselbe hinaus eine tiefgehende Wirkung erzielten, stellen ihren Verfasser in die Reihe der Kämpfer für deutsches Wesen, an dem einmal soll die Welt genesen. Ich finde keine würdigere Anerkennung dafür, als daß ich Ihnen das schlichte Zeichen, das so viele jetzt tragen, ebenfalls verleihe und Sie hiermit zum Ritter des Eisernen Kreuzes ernenne.

Wilhelm

I.R.

(H. St. Chamberlain, Briefwechsel mit Kaiser Wilhelm II.)

19. Mai 1915

Ein dauernd Denkmal im deutschen Herzen hat sich Kapitänleutnant Weddigen erworben, der, geschmückt von frischestem Lorbeer, den Heldentod starb. Auch hier wußte Kaiser Wilhelm die Gefühle des ganzen Volks auszudrücken in der ritterlichen Order an die Witwe des Helden:

Es ist mir gemeldet worden, daß beim Untergange des von Ihrem Gatten geführten Unterseebootes auch sein Orden Pour le mérite und sein Eisernes Kreuz 1. Klasse in Verlust geraten sind. Ich bestimme, daß Ihnen die genannten Ordenszeichen als eine äußere Erinnerung an die Taten des heldenhaft vor dem Feinde Gebliebenen hiermit ersetzt werden, und bringe Ihnen bei dieser Gelegenheit noch ganz persönlich zum Ausdruck, wie sehr Ich mit Ihnen den herben Verlust empfinde, den Sie erlitten haben. Sie haben Ihr Bestes für das Vaterland hergeben müssen. Möge Gottes Trost Ihnen zur Seite stehen und es Ihnen immer gewärtig bleiben, daß mit Ihnen das ganze Vaterland um Ihren Gatten trauert, der unvergänglichen Ruhm für sich und die Marine erworben hat und für alle Zeiten als leuchtendes Beispiel der Kühnheit und ruhigen Entschlußkraft weiter leben wird.

(Norddeutsche Allgemeine Zeitung, 22. 5. 1915)

Der Kaiser im Feld (1914—1916)

„Wir lassen nicht nach und werden dem Feind ans Leder gehen. Wir verlieren nicht die Zuversicht im Vertrauen auf unsern alten, guten Gott da oben. Wir wollen siegen und wir müssen siegen!“

„Merket wohl auf, liebe deutsche Christen! Das Kreuz Christi war nur von Holz, das Kreuz unseres Kaisers aber ist ein Eisern Kreuz! Nun, so sagt an: was ist besser, ein hölzern Kreuz oder ein Eisern Kreuz?"

(„La Campana de Gracia", Barcelona 1915.)

„Kinder, ich habe mich gefreut, daß ich euch in der Feuerlinie sehen konnte. Euer Regiment hat seine Sache bisher gut gemacht, so, wie ich es von meinen Märkern auch nicht anders erwartet habe. Nun, Kinder, bitt' ich mir noch eins aus, daß ihr nicht eher locker laßt, bis die da drüben erledigt sind. Mit Gott! Kinder!"

Im Weiterschreiten durch das Lager wandte sich der Kaiser an einen Grenadier mit der Frage: „Wieviel Franzosen hast denn du schon auf dem Kerbholz gehabt?" Darauf die Antwort: „Din woiß i gwieß." — „Wohin hast du ihn denn getroffen?" — „Mitta en da Kopf nei."

Der Kaiser wandte sich zu den Leuten. Mit markigen Worten sprach er: „Kameraden! In Wehr und Waffen stehen wir hier versammelt, dieses heilige Fest zu feiern, das wir sonst im Frieden zu Hause feiern. Unsere Gedanken schweifen zurück zu den Unsrigen daheim, denen wir diese Gaben danken, die wir heute so reichlich auf unseren Tischen sehen. Gott hat es zugelassen, daß der Feind uns zwang, dieses Fest hier zu feiern; wir sind überfallen worden, und wir wehren uns, und das gebe Gott, daß aus diesem Friedensfest mit unserm Gott für uns und für unser Land aus schwerem Kampf ein reicher Sieg erstehe. Wir stehen auf feindlichem Boden, dem Feinde die Spitze unseres Schwertes und das Herz unserm Gott zugewandt, und wir sprechen es aus, wie es einst der Große Kurfürst getan: In Staub mit allen Feinden Deutschlands! Amen."

Er sagte: „Meine Herren, kommen Sie mal ganz nahe an mich heran", und dann hielt er folgende kurze Ansprache: „Meine Herren, ich habe mich sehr gefreut, Sie alle persönlich kennen gelernt zu haben, und danke Ihnen für das, was Sie bisher getan. Für uns stehen die Dinge gut, mit Zuversicht können wir in die Zukunft sehen. Gewiß werden auch für Sie noch schwere Tage kommen, aber ich weiß, daß dann jeder von Ihnen seine Pflicht wie bisher tun wird. Meine Herren, ich danke Ihnen, auf Wiedersehen."

„Kameraden! Ich begrüße euch auf feindlichem Boden. Als junge Soldaten kommt ihr jetzt vor den Feind. Ihr habt einen sehr tapferen Gegner vor euch, der mit großer Zähigkeit seine Heimat verteidigt. Es ist heute ein denkwürdiger Tag, an dem ich zu euch spreche. Der heutige Tag ist der Geburtstag meines Ahns, des großen Königs, Friedrichs des Großen. So wie er vor 150 Jahren gegen eine Welt von Waffen sein kleines Königreich verteidigte und in zahlreichen Schlachten — bei Hohenfriedberg, Roßbach, Leuthen, Zorndorf, Liegnitz — einen weit überlegenen Gegner zu Boden schlug, so sind auch wir heute von Feinden umringt. Ihr habt ein tapferes, vor dem Feinde erprobtes Armeekorps in seinen Stellungen abzulösen. Ich erwarte, daß ihr ebenso eure Schuldigkeit tun werdet. Unsere Truppen haben im Laufe des Feldzuges gezeigt, daß sie dem Gegner im Feuer überlegen sind. Merkt es euch! nicht eher abkommen, ehe man weiß, daß der Schuß sitzt. Jede Kugel muß ihren Gegner niederstrecken. Ruhig geschossen! — Adieu, Kameraden."

„Ich bin hierher gereist, um euch im Angesicht der rauchenden Festung meinen Dank und den Dank des gesamten Vaterlandes zu überbringen. Ihr habt eure Taten mit gewaltigen Hammerschlägen in die Annalen der Geschichte gemeißelt. Ihr konntet es, weil ihr Gott vertrautet. Ihr gedachtet der

Euren daheim. Die standen hinter euch mit erhobenen Händen und flehten zum Allmächtigen, und die Wolken zerrissen, und der Herr der Heerscharen schaute auf euch. Vorn das kämpfende Volk und hinten das betende Volk, so soll es sein."

„Heut sollt ihr euch hinsetzen und an eure Lieben daheim berichten, was ihr geleistet habt. Wo ich euch jetzt auch ansetzen werde, ihr trefft auf Feinde, haut drauf, bis der letzte Russe am Boden liegt." Mit einem ‚Adieu, Kameraden', schloß der Kaiser seine Ansprache.

„Jedenfalls wird es der größte Gewinn unseres Volkes sein", so bemerkte der Kaiser, „daß es den Blick auf den Herrn zurückgewonnen hat, daß es begriffen hat, man kommt ohne ihn nicht aus, man muß mit ihm rechnen."

Von Wilhelmshaven aus telegraphierte er an Dr. Krupp von Bohlen und Halbach: „Unter dem Eindrucke der mündlichen Berichte aus der Schlacht in der Nordsee stehend, möchte ich Ihnen zum Ausdruck bringen, wie sehr wir dem vorzüglichen Artillerie- und Panzermaterial und im besonderen auch der vernichtend wirkenden Munition unsere Erfolge verdanken. So ist der Schlachttag auch ein Ehrentag der Kruppschen Werke."

(Bogdan Krieger, Der Kaiser im Felde,
Berlin 1916)

In der Reichstagssitzung vom 7.6.1916 wird ein Befehl des Militärgouverneurs von Köln debattiert, der „jenen Soldaten, die auf zwei Krücken gehen müssen, verbietet, auf der Straße zu rauchen, weil sie bei der Begegnung mit Offizieren die Zigarre nicht aus dem Munde nehmen können.

(Max Kemmerich, Moderne Kultur-Kuriosa, München 1926. S. 94.)

Die kopfschüttelnden Soldaten

„In der ‚Münchener Med. Wochenschrift' publiziert Dr. A. Schanz (Dresden) ganz neue Ansichten über das Wesen der verschiedenen Schüttelneurosen .... :.... Ich habe keinen Schüttler untersucht, bei dem ich nicht an der Wirbelsäule den typischen Befund der statischen Insuffizienzerkrankung erhalten hätte .... Eine Krankenschwester, Diakonissin, suchte meine Behandlung, weil sie mit dem Kopf ebenso schüttelte wie unsere kopfschüttelnden Soldaten und weil sie erfahren hatte, daß ich dieses Schütteln heile ....“

Immer, wenn ich solch einen Armen auf der Straße sehe, denke ich mir: Nein, das kann ja nicht von der Technik kommen, das ist keine Krankheit; das ist ein Staunen, der Ärmste hat recht.

(Karl Kraus, Die Fackel, 10. Mai 1917. S. 20.)

Kaiser Wilhelm an das deutsche Volk.

Dieser Aufruf wurde nach der Antwort der Alliierten an Präsident Wilson diktiert, der sie aufgefordert hatte, ihre Kriegziele zu erklären:

Unsere Feinde haben die Maske fallen lassen. Erst haben sie mit Hohn und heuchlerischen Worten von Freiheitsliebe und Menschlichheit unser ehrliches Friedensangebot zurückgewiesen. In ihrer Antwort an die Vereinigten Staaten haben sie sich jetzt darüber hinaus zu einer Eroberungssucht bekannt, deren Schädlichkeit durch ihre verleumderische Begründung noch gesteigert wird.

Ihr Ziel ist die Niederwerfung Deutschlands, die Zerstückelung der mit uns verbündeten Mächte und die Knechtung der Freiheit Europas und der Meere unter dasselbe Joch, das zähneknirschend jetzt Griechenland trägt.
Aber was sie in dreißig Monaten des blutigsten Kampfes und des gewissenlosesten Wirtschaftskrieges nicht erreichen konnten, das werden sie auch in aller Zukunft nicht vollbringen. Unsere glorreichen Siege und die eherne Willenskraft, mit der unser kämpfendes Volk vor dem Feind und daheim jedwede Mühsal und Not des Krieges getragen hat, bürgen dafür, daß unser geliebtes Vaterland auch fernerhin nichts zu fürchten hat. Hellflammende Entrüstung und heiliger Zorn werden jedes deutschen Mannes und Weibes Kraft verdoppeln, gleichviel, ob sie dem Kampf, der Arbeit oder dem opferbereiten Dulden geweiht ist.
Der Gott, der diesen herrlichen Geist der Freiheit in unseres tapferen Volkes Herz gepflanzt hat, wird uns und unseren treuen, sturmerprobten Verbündeten auch den vollen Sieg über alle feindliche Machtgier und Vernichtungswut geben.

(Norddeutsche Allgemeine Zeitung,
13. Januar 1917)

Daß Bern die Hauptstadt der neutralen Schweiz ist, im Gegensatz zum bitterbösen Bearn in Frankreich, rechtfertigt es, wenn die sauce bearnaise auf allen Speisekarten in „Berner Tunke“ umgetauft wurde. So trug auch die Kochkunst ihren Teil zum Siege unserer Waffen bei!

(Max Kemmerich, Moderne Kultur-Kuriosa,
München 1926.)

Des Kaisers Dank an die Westfront.

Berlin, 23. Dezember. Ansprache Seiner Majestät des Kaisers bei der 2. Armee am 22. Dezember 1917:

Kameraden! Das Jahr 1917 neigt sich seinem Ende zu, und da war es Mir ein Bedürfnis, wieder einmal die Westfront und ihre heldenhaften Kämpfer zu besuchen.

Ein ereignisvolles Jahr ist es für das deutsche Heer und das deutsche Vaterland gewesen. Gewaltige Schläge sind gefallen, und große Entscheidungen haben Eure Kameraden im Osten herbeiführen können. Es ist aber kein Mann, kein Offizier und kein Führer auf der ganzen Ostfront, wo Ich sie auch gesprochen habe, der nicht rückhaltlos erklärte: wenn unsere Kameraden im Westen nicht standgehalten hätten, könnten wir das hier nicht tun.

Der taktische und strategische Zusammenhang zwischen den Schlachten an der Aisne, in der Champagne, im Artois, in Flandern und bei Cambrai und den Vorgängen im Osten und in Italien ist so klar, daß es sich erübrigt, ein Wort darüber zu verlieren. Einheitlich geführt, schlägt das deutsche Heer auch einheitlich.

Um diese Offensivschläge führen zu können, mußte ein Teil des Heeres in der Defensive verharren, so hart es auch einen deutschen Soldaten ankommt. Eine solche Verteidigungsschlacht, wie sie im Jahre 1917 geführt worden ist, sucht aber ihresgleichen. Ein Bruchteil des deutschen Heeres hat die schwere Aufgabe auf sich genommen, seinen Kameraden im Osten den Rücken unbedingt zu decken und freizuhalten, und hat das gesamte englische und französische Heer gegen sich gehabt.

Große Vorbereitungszeit, unerhörte Mittel der Technik und Massen an Munition und Geschützen hat der Gegner zusammengetragen, um über Eure Front hinweg den so stolz von ihm verkündeten Einzug in Brüssel halten zu können. Nichts hat der Feind erreicht.

Das Gewaltigste, das je von einem Heer geleistet worden ist, und was in der Kriegsgeschichte noch nicht da gewesen ist, das hat das deutsche Heer vollbracht. Das ist kein überhebendes Lob, das ist Tatsache, weiter nichts!

Dieses gewaltige Werk haben auch die Truppenteile durchgeführt, deren Abordnungen heute vor Mir stehen. Der Dank, den Ich ihnen ausspreche, gebührt aber nicht allein ihnen, sondern auch denen, die Ich hier nicht sehen kann, denen, die im Lazarett liegen, und denen, die der grüne Rasen deckt.

Ich schließe an den Dank des Feldmarschalls Hindenburg, der Mich besonders gebeten hat, den Kämpfern im Westen seinen Dank auszusprechen, da er sein festes Vertrauen auf ihr Durchhalten bestätigt gesehen hat, und es ihm ermöglicht wurde, die großen strategischen Folgen daraus zu ziehen.

Bei jeder neuen Nachricht ist Mir immer wieder von Eingeweihten und Uneingeweihten, von jedem Menschen, das Wort gesprochen worden: wie ist es gemacht worden? Diese Verwunderung soll Euch ein Lohn und zu gleicher Zeit eine Freude sein. Weder noch so Großes, noch so Ueberwältigendes vermag das, was Ihr geleistet habt, irgendwie in den Schatten zu stellen oder zu übertreffen.

Es hat das Jahr 1917 mit seinen großen Schlachten gezeigt, daß das deutsche Volk einen unbedingt sicheren Verbündeten in dem Herrn der Heerscharen dort oben hat. Auf den kann es sich bombenfest verlassen, ohne ihn wäre es nicht gegangen.

Jeder von Euch mußte seine Kräfte bis zum Äußersten hergeben, Ich weiß, daß jeder Einzelne in dem unerhörten Trommelfeuer Übermenschliches geleistet hat. Es mag oft ein Gefühl dagewesen sein: wäre doch noch etwas hinter uns, wäre doch Ablösung da. Sie ist gekommen! Der Schlag im Osten hat dazu geführt, daß dort augenblicklich die Kriegsstürme schweigen, vielleicht, so Gott will, für immer.

Schon gestern habe Ich in der Umgebung von Verdun Eure Kameraden gesprochen und gesehen, und da war es wie eine Witterung von Morgenluft, die durch die Gemüter ging. Ihr habt nicht mehr das Gefühl, allein zu sein.

Auf das ganze Vaterland und bis hinüber zum Feinde wirkt der große Erfolg der Siege der letzten Zeit, der Großkampftage in Flandern und von Cambrai, wo der erste vernichtende Offensivstoß den übermütigen Briten traf, der ihm zeigte, daß noch der alte Offensivgeist in unseren Truppen steckt trotz dreijähriger Kriegsleiden. Was noch vor uns steht, wissen wir nicht, wie aber in diesen letzten vier Jahren Gottes Hand sichtbar regiert hat, Verrat bestraft und tapferes Ausharren belohnt, das habt Ihr alle gesehen, und daraus können wir die feste Zuversicht schöpfen, daß auch fernerhin der Herr der Heerscharen mit uns ist. Will der Feind den Frieden nicht, dann müssen wir der Welt den Frieden bringen dadurch, daß wir mit eiserner Faust und mit blitzendem Schwert die Pforten einschlagen bei denen, die den Frieden nicht wollen.

(Norddeutsche Allgemeine Zeitung, 24. 12. 1917)

Pleß, den 15.1.17.

Mein lieber Herr Chamberlain.

Es liegt mir am Herzen, Ihnen meinen wärmsten Dank zu sagen für Ihre prächtige Mithilfe in großer Zeit, welche Sie mir haben zuteil werden lassen durch den letzten Aufsatz, den „Willen zum Siege", den ich gestern von Ihnen erhielt. Ich las ihn meinen versammelten Herren vor, und er zündete wie ein Funke! Er ist das rechte Wort zur *rechten Zeit!* Er kreuzte sich mit meinem Aufruf ans deutsche Volk. Sein Erfolg ist für mich ganz überwältigend! In der Flut von Depeschen, aus allen Gauen Deutschlands, von Fürsten, Städten, Korporationen, Vereinen, Firmen, Banken, Fabriken, Arbeitern, atmet eine Lohe feurigen Zornes, stahlharter Entschlossenheit, die ja herrlich als Grundlage für den letzten Endkampf wirken wird. Was ich so oft schon während dieses Krieges jedem, der es hören wollte, zumal wenn er nach Frieden fragte, antwortete: „Der Krieg ist der Kampf zwischen zwei Weltanschauungen; der germanischen-deutschen für Sitte, Recht, Treu und Glauben, wahre Humanität, Wahrheit und echte Freiheit, gegen ... Mammonsdienst, Geldmacht, Genuß, Landgier, Lüge, Verrat, Trug und nicht zuletzt Meuchelmord!"

(H. St. Chamberlain, Briefwechsel mit Kaiser Wilhelm II.)

10. Februar 1918

Meine lieben Homburger! Ich danke Euch von ganzem Herzen für die schlichte Feier und die warmen Worte, die Euer Stadtoberhaupt soeben zu mir gesprochen hat. Es sind schwere Zeiten über uns hingegangen. Ein jeder hat seine Last zu tragen gehabt, Sorgen und Trauer, Kummer und Trübsal, nicht zum mindesten der, der jetzt vor Euch steht. In ihm vereinigen sich Sorge und Schmerz

Das Deutsche Glaubensbekenntnis.

Ich glaube an die Steckrübe, die allgemeine Ernährerin des deutschen Volkes; an die Marmelade, ihre stammverwandte Genossin, empfangen von der städtischen Verkaufsstelle, geboren durch die Verfügung des Kriegsernährungsamtes, durch die meine Hoffnung auf Kartoffeln gestorben und begraben, gepresst und verarbeitet, auferstanden als Tafelobst, von dannen sie kommen wird als Brotaufstrich für Deutschlands Heldensöhne. Ich glaube an den heiligen Krieg, eine große allgemeine Wuchergesellschaft, die Gemeinschaft der Hamsterer, Erhöhung der Steuern, Kürzung der Fleischration und ein ewiges Bestehen der Brotkarte

Amen!!!

Nachdruck verboten!

um das ganze Volk und sein Leid. In diesem selben Hofe habe ich damals im Jahre 1870/71 als kleiner Junge die Homburger stehen sehen, unter Führung vom alten Jacobi, als sie nach großen Siegesnachrichten meiner seligen Frau Mutter ihre Huldigung darbrachten. Ein Bild, das sich mir ewig in die Seele eingeprägt hat! Ich habe damals nicht geahnt, daß es mir bestimmt sein sollte, zur Erhaltung dessen, was damals mein Großvater und mein seliger Vater erworben und errungen haben, kämpfen zu müssen. Es hat unser Herrgott entschieden mit unserm deutschen Volke noch etwas vor; deswegen hat er es in die Schule genommen; und ein jeder ernsthaft und klar Denkende unter Euch wird mir zugeben, daß es notwendig war. Wir gingen oft falsche Wege. Der Herr hat uns durch diese harte Schule darauf hingewiesen, wo wir hin sollen. Zu gleicher Zeit ist die Welt aber nicht auf dem richtigen Wege gewesen, und wer die Geschichte verfolgt hat, kann beobachten, wie es unser Herrgott mit einem Volke nach dem andern versucht hat, die Welt auf den richtigen Weg zu bringen. Den Völkern ist es nicht gelungen. Das römische Reich ist versunken, das fränkische zerfallen und das alte Deutsche Reich auch. Nun hat er uns Aufgaben gestellt. *Wir Deutsche, die wir noch Ideale haben, sollen für die Herbeiführung besserer Zeiten wirken*; wir sollen kämpfen für Recht, Treue und Sittlichkeit. Unser Herrgott will den Frieden haben, aber einen solchen, in dem die Welt sich anstrengt, das Rechte und das Gute zu tun. Wir sollen der Welt den Frieden bringen, wir werden es tun auf jede Art. Gestern ist's im gütlichen gelungen. Der Feind, der, von unseren Heeren geschlagen, einsieht, daß es nichts mehr nützt, zu fechten, und der uns die Hand entgegenhält, der erhält auch unsre Hand. Wir schlagen ein. Aber der, welcher den Frieden nicht annehmen will, sondern im Gegenteil, seines eignen und unsers Volkes Blut vergießend, den Frieden nicht haben will, der muß dazu gezwungen werden. Das ist jetzt unsre Aufgabe, dafür müssen jetzt alle wirken, Männer und Frauen. Mit den Nachbarvölkern wollen wir in Freundschaft leben, aber vorher muß der Sieg der deutschen Waffen anerkannt werden. Unsre Truppen werden ihn weiter unter unserm großen Hindenburg erfechten. Dann wird der Friede kommen. Ein Friede, wie er notwendig ist für eine starke Zukunft des Deutschen Reiches, und der den Gang der Weltgeschichte beeinflussen wird. (Bravo und Hurra!) Dazu müssen uns die gewaltigen Mächte des Himmels beistehen, dazu muß ein jeder von Euch, vom Schulkinde bis zum Greise hinauf, immer nur dem einen Gedanken leben: Sieg und ein deutscher Friede. Das deutsche Vaterland soll leben! Hurra!

(Norddeutsche Allgemeine Zeitung, 12. 2. 1918)

Der Heldenbariton und die Helden

„Der erste Heldenbariton des Dortmunder Stadttheaters Friedrich Braun ist durch Beschluß des Theaterausschusses sofort entlassen worden, weil er sich in Gegenwart einiger Kollegen und eines Offiziers abfällig über das Friedensangebot des deutschen Kaisers und des deutschen Kronprinzen geäußert hat. Braun, der Schweizer und mit einer Berlinerin verheiratet ist, hält sich schon seit mehr als 20 Jahren in Deutschland auf."

Er stellt sich vor

Wien, 20. April

Die Reben in der Champagne dürften in diesem kalten April noch keine Blätterknospen haben. Aber die Bauern sagen, daß Menschenblut ein vortrefflicher Dünger sei, und über die Hügel dieser gesegneten Landschaft rieselt es nieder . . .

. . . Der alte Ribot horcht auf die Meldungen vom Schlachtfelde . . .

(Die Fackel Nr. 457—461, hrsg. v. Karl Kraus)

Wir wollen kämpfen und durchhalten bis zum Letzten!

Kaiserrede

gehalten in der Friedrichshalle zu Essen an die Beamten, Arbeiter und Arbeiterinnen der Kruppwerke am 11. Sept. 1918

Carl Heymanns Verlag · Berlin W 8

Meine lieben Freunde von den Kruppschen Werken! Schon lange hat es mich in diesem Kriege zu Ihnen hingezogen! Aber, wie Sie wissen, haben mich vielfach militärische und politische Pflichten auf die verschiedensten Schlachtfelder, in die verschiedensten Gegenden des vom Weltkrieg durchtobten Europas gerufen. Deshalb habe ich meinen Plan, zu Ihnen zu kommen, immer wieder aufschieben müssen. Nunmehr ist es mir zu meiner Freude endlich gelungen, hierher zu kommen in *die* Werke, die ich seit meiner frühesten Kindheit in ihrer Entwickelung beobachten konnte und deren Besuch mich immer wieder erfüllt hat mit der höchsten Bewunderung deutscher Wissenschaft, Erfindungsgabe und Tatkraft. Es gilt heute dem Kruppschen Direktorium, den Werksleitern, den Arbeitern und Arbeiterinnen meinen kaiserlichen Dank auszusprechen für die geradezu überwältigende Art und Weise, in der die Kruppschen Werke dem deutschen Heere und seinem obersten Kriegsherrn zur Verfügung gestanden haben und weit über menschliches Ermessen und Hoffen hinaus das Material geliefert haben, das die Armee im Laufe der steigenden Anforderungen in diesem gewaltigsten aller Kriege von ihr hat verlangen müssen. Gewaltiges ist geleistet worden, vom Direktorium herab bis zum letzten Arbeiter und bis zur letzten Arbeiterin, und das unter steigenden *Schwierigkeiten der Ernährung, Schwierigkeiten in der Bekleidung, Verlusten, Trauer und Sorgen aller Art*, von denen kein Haus verschont geblieben ist, weder das Fürstenhaus, noch das schlichte Arbeiterhaus, und nun noch dazu die steigenden Anforderungen an die deutsche Frau, die nicht allein die Sorge für Kinder und Haus ohne Mann tragen mußte, sondern obendrein noch ihre Kräfte in der Fabrik unter verschärfter Mühewaltung einsetzen mußte, um Waffen und Verteidigungsmittel den Männern draußen nicht fehlen zu lassen.

Eine ganz ungeahnte Mobilmachung ist es gewesen, diese zweite industrielle Mobilmachung ohne Unterschied des Alters und Geschlechts, eine Anforderung, wie sie noch nie an das deutsche Volk gestellt worden ist. Und trotzdem ist ihr willig und freudig entsprochen worden. Da möchte ich vor allen Dingen meinen warmen Dank als Landesvater aussprechen, den Frauen sowohl wie auch den Mädchen und den Männern, daß sie so opferwillig ihre Pflicht getan haben, trotz der drückenden Sorgen von Not und Elend, die uns alle getroffen haben.

Es soll keiner in unserem Volke glauben, daß ich darüber nicht Bescheid weiß. Ich habe auf meinen Fahrten durch das Land mit mancher Witwe, mit manchem Bauer und im fernen Osten und Westen mit manchem Landwehr- und Landsturmmann gesprochen, der das Herz schwer hatte von Sorgen, die aber überstrahlt wurden von dem Gedanken: *Erst die Pflicht, das andere kommt später.* Ich habe Eure Sorgen in tiefstem Herzen empfunden. Was an landesväterlicher Anregung hat geschehen können, um die Last nach Möglichkeit zu mildern und die Sorgen unseres Volkes zu verteilen, das ist geschehen.

Es hätte manches anders gemacht werden können, und daß darüber hier und da Mißstimmung herrscht, ist kein Wunder. Aber wem verdanken wir dies letzten Endes? Wer hat davon schon bei Anfang des Krieges gesprochen, daß die deutsche Frau und das deutsche Kind *ausgehungert* werden sollten? Wer ist es gewesen, der den *furchtbaren Haß* in diesen Krieg hineingebracht hat? Das waren die Feinde! Wir wollen uns doch darüber klar sein, wie die Dinge stehen. Ein jeder von Euch bis in die fernste Ecke unseres Vaterlandes weiß, daß ich keinen Schritt unversucht gelassen habe, unserem Volk und unserer gesamten gesitteten europäischen Welt diesen Krieg möglichst abzukürzen. Im Dezember des Jahres 1916 habe ich ein offenes, klares, unzweideutiges Friedensangebot im Namen des Deutschen Reiches und meiner Verbündeten den Gegnern übergeben. Hohn und Spott und Verachtung ist die Antwort gewesen. Der da oben kennt mein Gefühl der Verantwortung. Wiederholt in den vergangenen Monaten haben verantwortliche Leiter aus der Regierung des Reiches in unzweideutiger Weise jedem, der es verstehen wollte, zu verstehen gegeben, daß wir jederzeit bereit sind, die Hand zum Frieden darzubieten. Die Antwort war der ausgesprochene Vernichtungswille, die Aufteilung und Zerschmetterung Deutschlands. Es gehören zum Friedenmachen zwei. Wenn nicht beide wollen, kann der eine nicht, vorausgesetzt, daß er den anderen nicht niederwirft.

So steht der absolute Vernichtungswille unserer Gegner uns gegenüber, und dem absoluten Vernichtungswillen müssen wir den absoluten Willen, unsere Existenz zu wahren, entgegenstellen. Unser tapferes Heer hat Euch diesen Willen durch die Tat gezeigt, sei es im Vorstürmen, sei es in der Rückwärtsbewegung, sei es im Stellungskampfe. Es kommt nur darauf an, daß der Gegner möglichst viel verliert. Das ist erfolgt, und das geschieht noch weiter. Unsere todesmutige Marine hat es Euch bewiesen; gegen starke Ueberlegenheit hat sie den Feind am Skagerrak geschlagen. Unsere U-Boote nagen, wie der verzehrende Wurm am Lebensmark der Gegner, mehr, wie unsere Feinde zugeben wollen, wenn es auch manchem unter Euch zu lange dauert. Diesen unvergleichlichen Heldentaten unseres Heeres und unserer Flotte muß ein Rückhalt geschaffen werden, nicht bloß in der Arbeit, sondern auch in Sinn und Gedanken unseres Volkes. Es handelt sich nicht nur darum, unserem tapferen Heere und unserer braven Marine Material und Ersatz nachzuschieben, sondern es handelt sich darum, daß ein jeder Deutscher und eine jede Deutsche weiß, daß wir um unsere Existenz kämpfen und ringen, daß wir das Äußerste aufbieten müssen, um uns siegreich zu wehren. Ich kann mir wohl vorstellen, daß mancher unter Euch in dieser langen Kriegszeit sich wiederholt die Frage vorgelegt hat:

Wie hat das kommen können und warum mußte uns das passieren, da wir doch vierzig Jahre Frieden hatten? Ich glaube, es ist eine Frage, die einer Antwort wohl wert ist. Es ist eine Frage, die auch für die Zukunft beantwortet werden muß für unsere Kinder und Enkel. Ich habe auch lange darüber nachgedacht und bin dann zu folgender Antwort gekommen: Wir wissen alle aus unserer Jugend, aus unserer heutigen Lage, aus unserer Beobachtung: In der Welt ringt das Gute mit dem Bösen; das ist einmal von oben so eingerichtet; das Ja und das Nein. Das Nein des Zweiflers gegen das Ja des Erfinders, will ich mal sagen; das Nein des Pessimisten gegen das Ja des Optimisten, das Nein des Ungläubigen gegen das Ja des Glaubenshelden, das Ja des Himmels gegen das Nein der Hölle. Nun, ich glaube, Ihr werdet mir darin recht geben, wenn man diesen Krieg bezeichnet als hervorgegangen aus einer großen Verneinung, und fragt Ihr, welche Verneinung es ist:

Es ist die Verneinung der Existenzberechtigung des deutschen Volkes, es ist die Verneinung aller unserer Kultur, es ist die Verneinung unserer Leistungen und unseres Wirkens. Das deutsche Volk war fleißig, in sich gekehrt, strebsam, erfinderisch auf allen Gebieten, es arbeitete geistig und körperlich. Es gab aber solche, die nicht zu arbeiten wünschten, sondern auf ihren Lorbeeren ausruhen wollten. Das waren unsere Feinde. Wir kamen ihnen an die Nähte und zwar durch ersprießliche Arbeit und ersprießliche Entwicklung: Industrie und Wissenschaft, Kunst und Volkserziehung, soziale Gesetzgebung usw. Dadurch kam unser Volk in die Höhe, und da kam der N e i d. Der Neid veranlaßte unsere Gegner zum Kampf, und es kam der Krieg über uns, die wir ahnungslos waren. Und jetzt, da die Gegner sehen, daß alle ihre Hoffnungen, die sie in den früheren Jahren gehabt haben, trügerisch gewesen sind, da unsere gewaltigen Heerführer, nach deren Namen mit Recht Euere neuen Werkstätten genannt werden, Schlag auf Schlag ihnen versetzt haben, nun erhebt sich auch noch der Haß dazu.

Nun, meine Freunde, wer haßt? Der Deutsche, der Germane kennt keinen Haß; wir kennen nur einen ehrlichen Z o r n, der dem Gegner einen Schlag versetzt, wenn er aber darniederliegt und blutet, reichen wir ihm die Hand und sorgen für seine Heilung. Der Haß zeigt sich nur bei d e n Völkern, die sich unterlegen fühlen. Wenn also meine Landsleute betrübt sind oder sich darüber wundern, daß ein so furchtbarer Haß bei unseren Feinden vorhanden ist, so liegt das daran, daß ihre Berechnungen verfehlt gewesen sind. Ein jeder, der den Charakter der Angelsachsen kennt, weiß, was es heißt, mit ihnen zu fechten; der weiß, wie zähe sie sind. Im vergangenen Jahre in Flandern, wo unser Heer monatelang einer fünffachen Übermacht Stand bot, habe ich gesagt: „Kinder, seid euch eins klar, das ist kein Krieg wie früher, das ist ein Kampf um unsere Existenz, die man uns streitig machen will.“ *Bei einem solchen Kampf geht es Zoll um Zoll.* Wir wissen nicht, wann das Ringen beendet sein wird, aber das eine wissen wir, daß wir den Kampf bestehen müssen. Und nun, meine Freunde, laßt Euch noch auf etwas hinweisen, Ihr habt gelesen, was kürzlich in Moskau passiert ist: die gewaltige Verschwörung gegen die jetzige Regierung. Das parlamentarisch regierte und demokratische Volk der Engländer hat *die ultrademokratische Regierung, die sich das russische Volk jetzt zu formulieren begonnen* hat, zu stürzen versucht, weil diese Regierung in Wahrnehmung der Interessen ihres Vaterlandes dem Volk den Frieden, nach dem es schreit, erhalten, der Angelsachse aber noch keinen Frieden haben will. So sieht es also aus. Es ist ein Beweis des Gefühls der *Unterlegenheit*, daß es zu solchen verbrecherischen Mitteln greift. Jetzt kommt es auf die letzten Anstrengungen an; es geht ums Ganze, und weil unsere Feinde es wissen, weil sie vor dem deutschen Heere den größten Respekt haben, weil sie einsehen, daß sie unser Heer und unsere Marine nicht niederzwingen können, deshalb versuchen sie es mit der Zersetzung im Innern, um uns mürbe zu machen durch falsche Gerüchte und *Flaumacherei*. Das kommt nicht aus den Kreisen des deutschen Volkes, *das sind künstliche Machwerke*. Aber ein jeder, der auf solches Gerücht hört, ein jeder, der unverbürgte Nachrichten in Eisenbahn, Werkstatt oder anderswo weitergibt, versündigt sich am Vaterland; der ist ein Verräter und herber Strafe verfallen, ganz gleich, ob er Graf sei oder Arbeiter. Ich weiß sehr wohl, daß ein jeder von Euch mir darin recht gibt. Glaubt mir wohl, es ist für mich nicht leicht, jeden Tag die Sorge der Verantwortung für ein Volk von siebzig Millionen zu tragen und dazu mehr als vier Jahre alle die Schwierigkeiten der zunehmenden Not des Volkes zu sehen.

Ihr habt durch die freundlichen Worte des Herrn Krupp soeben gehört, daß ich von dem Krankenlager der Kaiserin, meiner vielgeliebten Gattin und Eurer Landesmutter, komme. Ich bin jahrelang an der Front gewesen, immer so nahe wie möglich, um meinen Truppen nahe zu sein. Da traf mich die Nachricht von der Erkrankung der Kaiserin. Ein jeder Gatte unter Ihnen weiß, was das heißt, wenn man so schwere Verantwortung trägt und dann solche Nachricht bekommt. Mit Gottes Hilfe ist die Kaiserin wieder auf dem Wege der Besserung. Es waren dies drei schwere Wochen. Ich bin beauftragt, in Erinnerung an die schönen Stunden, die Ihre Majestät im vergangenen Jahre hier verlebt hat, ihre herzlichsten und innigsten Grüße zu übermitteln und Euch, Männer, Frauen und Mädchen, aufzufordern, nicht locker zu lassen, nicht anders als auf die Stimme des Gewissens zu hören und Eure Pflicht trotz der schweren Zeit zu tun, bis der Friede da ist. Wir haben ein schönes Wort, das uns die Heilige Schrift zuruft, das heißt: „Alle eure Sorge werfet auf ihn, er sorget für uns.“ Dazu das andere Wort: „Trachtet am ersten nach dem Reiche Gottes, so wird euch solches alles zufallen.“ Das soll heißen, daß wir die irdischen Sorgen von uns werfen, damit wir frei sind für unsere Aufgaben. Wie können wir Gott gefallen und sein Herz erweichen? Dadurch, daß wir unsere Pflicht tun. Worin besteht unsere Pflicht?

Unser Vaterland frei zu machen. Infolgedessen haben wir auch die Verpflichtung, mit allen unseren Kräften auszuhalten im Kampfe gegen seine Feinde. Jeder von uns bekommt von oben seine Aufgabe zugeteilt. *Du an Deinem Hammer, Du an Deiner Drehbank, und ich auf meinem Thron.* Wir müssen aber alle auf Gottes Hilfe bauen. Und der Zweifel, das ist der größte Undank gegen den Herrn. Und nun frage ich Euch ganz einfach und ehrlich: Haben wir denn eigentlich Grund zum Zweifeln?

Seht doch mal die vier Jahre Krieg an, was wir für gewaltige Leistungen hinter uns haben. *Eine halbe Welt stand gegen uns* und unsere treuen Verbündeten, und *jetzt haben wir Frieden mit Rußland, Frieden mit Rumänien*, Serbien und Montenegro sind erledigt. *Nur im Westen kämpfen wir noch*, und da sollte uns der liebe Gott im letzten Augenblick noch verlassen? Wir sollten uns schämen über unseren Kleinmut, der kommt aber dann, wenn man — Gerüchten — Glauben schenkt. Aus den — Tatsachen — die Ihr selber erlebt habt, da schmiedet Euch den festen Glauben an die Zukunft Eures Vaterlandes.

Wir haben oftmals daheim und im Felde, in der Kirche und unter freiem Himmel „Eine feste Burg ist unser Gott" gesungen, daß es hinausgeschallt hat in des Himmels Blau und in Gewitterwolken hinein. Ein Volk, aus dem ein solches Lied entstanden ist, das muß *unbezwingbar* sein. Meine Bitte und meine Aufforderung an Euch und *durch Euch an die gesamte Arbeiterschaft, die sich so ausgezeichnet und tüchtig bewährt hat*, und durch Euch an das gesamte deutsche Volk geht dahin: für mich und mein Verhältnis zu meinem Volk sind maßgebend meine Worte vom 4. August 1914: „Ich kenne keine Parteien, ich kenne nur Deutsche".

Es ist jetzt keine Zeit für Parteiungen, wir müssen uns jetzt alle zusammenschließen zu einem Block, und hier ist wohl am ersten das Wort am Platze: Werdet stark wie Stahl, und der deutsche Volksblock, zu Stahl zusammengeschweißt, der soll dem Feinde, seine Kraft zeigen. Wer also unter Euch entschlossen ist, dieser meiner Aufforderung nachzukommen, wer das Herz auf dem rechten Fleck hat, wer die Treue halten will, der stehe jetzt auf und verspreche mir, an Stelle der gesamten deutschen Arbeiterschaft: Wir wollen kämpfen und durchhalten bis zum letzten.

Dazu helfe uns Gott. Und wer das will, der antworte mit Ja! (Die Versammelten antworten mit lautem Ja!) Ich danke Euch. Mit diesem Ja gehe ich jetzt zum Feldmarschall. Es gilt nun für jeden von uns, die gelobte Pflicht auch zu erfüllen und an Geistes- und Körperkraft das äußerste einzusetzen für das Vaterland. Jeder Zweifel muß aus Herz und Sinn gebannt werden. Jetzt heißt es: Deutsche, die Schwerter hoch, die Herzen stark und die Muskeln gestrafft zum Kampfe gegen alles, was gegen uns steht, und wenn es noch so lange dauert. Dazu helfe uns Gott. Amen! Und nun lebt wohl, Leute.

„Der innere Kontakt, den der Beginn der Ansprache hergestellt hatte, ging mehr und mehr verloren. Die Mienen erstarrten, und je mehr der Kaiser sich steigerte, um so offenkundiger wurde die Ablehnung . . . Wir hatten alle das Gefühl, daß der Wurf mißlungen war."
(Alfred Niemann, Kaiser und Revolution, Berlin 1928. S. 81.)

Käthe Kollwitz beantwortete in der gleichen Nummer des „Vorwärts" den edlen Aufruf Richard Dehmels: „Der schwächste Körper hat Wunderkräfte, wenn ihn ein edler Wille beseelt" mit der schneidenden Entgegnung: „Saatfrüchte sollen nicht vermahlen werden — es ist genug gestorben, keiner darf mehr fallen."
(Alfred Niemann, Revolution von oben — Umsturz von unten, Berlin 1927. S. 209.)

Statt des Kanzlers erbot sich der preußische Innenminister Drews, den schweren Gang ins Große Hauptquartier nach Spa anzutreten. Vorher soll dieser königstreue Beamte von einem Weinkrampf geschüttelt worden sein. In der halbstündigen Audienz nahm er kein Blatt vor den Mund, schilderte in allen Einzelheiten die kaiserfeindliche Stimmung im Lande, verschwieg auch nicht die Kehrtwendung gewisser Großindustrieller.
Der Kaiser fuhr ihm dazwischen: „Ich verstehe die Stimmung ganz genau. Es war schon alles so schön aufgeteilt, ganz Belgien, Nordfrankreich und so weiter. Die Schwerindustrie hatte auch schon Beschlag auf alles gelegt, und nun kommt's mit einmal anders, und jetzt schimpfen sie natürlich, als wenn ich schuld wäre."
In einem Brief an einen Freund hat der Kaiser diese Unterredung mit Drews ausführlich beschrieben. Es gibt wenig Schriftstücke, die so echt „wilhelminisch" sind, so typisch für die naßforsche Arroganz des Herrschers, für seinen Hang zum Bramarbasieren und zur Selbstüberschätzung, hinter der sich seine Unsicherheit und Angst nur schlecht verbargen: „Dann habe ich mir den Mann gekauft, ihn angefahren — so — und gesagt: ‚Was, Sie als preußischer Beamter, Untertan, der Sie Ihrem König den Eid der Treue geschworen haben, Sie wagen es, Sie unterstehen sich, vor mich hinzutreten mit solch

einem Angebot!' Sie hätten bloß sehen sollen, wie der Mann zusammengefahren ist. Das hatte er nicht erwartet — einen tiefen Diener machte er gleich vor mir. ‚Also gut, es sei', sagte ich, ‚wie stellen Sie sich eigentlich das Weitere vor? . . . Meine Söhne haben mir in die Hand versprochen, daß keiner meine Stelle annimmt. Also mit mir tritt das ganze Haus Hohenzollern zurück.' Den Schreck hätten Sie sehen sollen, das hatte er nämlich wieder nicht erwartet."

Und weiter in diesem Stil: „Ich denke gar nicht daran abzudanken. Der König von Preußen darf Deutschland nicht untreu werden, etc. Ich denke gar nicht daran, wegen der paar 100 Juden und der 1000 Arbeiter den Thron zu verlassen." Und dann im Kraftmeierjargon: „Und das sage ich Ihnen, wenn nur das Geringste passiert, dann schreib' ich denen die Antwort mit Maschinengewehren auf das Pflaster, und wenn ich mir mein eigenes Schloß zerschieße, aber Ordnung soll sein!"

(Karl-Heinz Janßen, November 1918: Als der Kaiser ging. Der Sturz der deutschen Monarchien. In: DIE ZEIT, Nr. 43 vom 25. 10. 1968)

Wir haben in dreißig Jahren der Regierung Wilhelms II. verlernt, überhaupt noch selbständig denken zu wollen.

(Wilhelm II. und die Schwarzseher, S. XLV.)

Mein Fortgehen hat uns weder günstigere Waffenstillstands- und Friedensbedingungen gebracht, noch den Bürgerkrieg abzuwenden vermocht, dagegen die Zersetzung in Heer und Heimat in verderblichster Weise beschleunigt und vertieft.

Dreißig Jahre ist die Armee mein Stolz gewesen. Ich habe für sie gelebt und an ihr gearbeitet. Und nun nach über vier glänzenden Kriegs-

Kameraden von der Front!

Die deutsche Republik grüsst Euch!

Die alten Gewalten sind durch die Revolution des schaffenden Volkes gestürzt. :: Künftig seid Ihr Herr Eures Geschickes!

Eine demokratische und sozialistische Ordnung

ist im Werden

Als Wähler zur Nationalversammlung

-:- werdet auch Ihr an der Neugestaltung der Dinge mitwirken. -:-

Der Sozialismus will nicht Wirrwar u. Anarchie

sondern die Befreiung des Menschen von geistiger und wirtschaftlicher Not!

Kameraden!

Helft mit an der Ausgestaltung des neuen Gemeinwesens.

Es lebe

Frieden. Freiheit und Sozialismus!

Ein Aufruf der neuen Regierung

jahren mit unerhörten Siegen mußte sie unter dem von hinten gegen sie geführten Dolchstoß der Revolutionäre zusammenbrechen, gerade in dem Augenblick, als der Friede in Greifnähe stand! Und daß in meiner stolzen Flotte, meiner Schöpfung, die Empörung zuerst offen zutage getreten ist, hat mich am tiefsten ins Herz getroffen.
(Wilhelm II., Ereignisse und Gestalten aus den Jahren 1878—1918, Leipzig/Berlin 1922, S. 245)

Telegramm von S. M. an Hitler

Doorn, den 17. Juni 1940

Unter dem tiefgreifenden Eindruck der Waffenstrekkung Frankreichs beglückwünsche ich Sie und die gesamte deutsche Wehrmacht zu dem von Gott geschenkten gewaltigen Sieg mit den Worten Kaiser Wilhelms des Großen: Welch eine Wendung durch Gottes Fügung. In allen deutschen Herzen erklingt der Choral von Leuthen, den die Sieger von Leuthen des großen Königs anstimmten: Nun danket alle Gott. Wilhelm I. R.

Antwort Hitlers an den Kaiser

25. Juni 1940

Euer Majestät danke ich für die anläßlich der Kapitulation Frankreichs der deutschen Wehrmacht und mir persönlich ausgesprochenen Glückwünsche. Ich hoffe, daß dieser Sieg bald eine Krönung findet, die dem großdeutschen Reich die Möglichkeit der vollen Entfaltung aller Kräfte der deutschen Nation sichert. Adolf Hitler.
(Sigurd von Ilsemann, Der Kaiser in Holland, München 1971, S. 298)

STIMME VON UNTEN

Mal 'ran ins Feld!
Noch einer mehr!
Und wenn die Welt —

Flammenlohe

STIMME VON UNTEN

Nur feste druff!
Auf Knall und Fall!
Es braust ein Ruf —

Weltendonner

STIMME VON UNTEN

Das ist uns neu!
Was soll das sein?
Fest steht und treu —

Untergang

STIMME VON UNTEN

Wir sind verbrannt!
Wer brach da ein?
Lieb Vaterland —

Ruhe

STIMME VON OBEN

Der Sturm gelang. Die Nacht war wild.
Zerstört ist Gottes Ebenbild!

Großes Schweigen.

DIE STIMME GOTTES

Ich habe es nicht gewollt.

(Karl Kraus. Die letzten Tage der Menschheit, München 1957. S. 770.)

Helmut Arntzen

Die Gewalt der Rede *oder* *Der Leitartikler auf dem Thron*

Die Begabung und der politische Einfluß Wilhelms II. sind von den Zeitgenossen und der Geschichtswissenschaft wahrscheinlich überschätzt worden. Diese Überschätzung ist aber verständlich, wenn sie als der Versuch angesehen wird, die jahrzehntelange, sich ständig aufdrängende öffentliche Präsenz dieses Mannes und deren Resonanz begreiflich zu machen, der seiner Stellung nach nicht mehr war, als ein konstitutioneller Monarch um die Wende des 19. zum 20. Jahrhundert als politische Kraft eben sein konnte, wenngleich er als deutscher Kaiser verfassungsrechtlich eine verhältnismäßig starke Position hatte.

Aber die Zeitgenossen und die Nachwelt sprechen von seiner Person und von seinem Einfluß wohl vor allem, weil er selbst den Eindruck entstehen ließ, er sei jemand und er bewirke etwas, und weil dieser Eindruck vor allem durch seine häufigen öffentlichen Reden entstand. Da ein solcher Eindruck nicht flüchtig blieb, sondern sich ständig wiederholte und weiterwirkte, ist der Einfluß dieser Gestalt, der in politischen Einzelentscheidungen eher unbeträchtlich war, so bedeutend, daß vom Wilhelminischen Zeitalter mit Recht gesprochen werden kann, freilich in dem Sinne, daß im Kaiser die Epoche für Deutschland — aber vielleicht nicht nur für Deutschland — den Sprecher findet, der fast wie ein Medium das artikuliert, was an ihr im weiteren geschichtlichen Sinn Vorkriegszeit ist.

Denn das Außerordentliche der Erscheinung Wilhelms II. ist nicht sein politisches Tun und Unterlassen, sondern daß er, indem er häufig öffentlich sprach, große Teile seiner deutschen Zeitgenossenschaft ansprach und das Zeitgenössische aussprach.

Zunächst ist es als eine zweifellos persönliche Leistung anzusehen, daß der verkrüppelte, streng erzogene, in den Traditionen des Hauses Hohenzollern aufgewachsene Wilhelm durch die Art seiner Reden etwas tat, mit dem er sich über die psychischen Behinderungen, die Traditionen seines Hauses wie die Konventionen mitteleuropäischer Monarchien hinwegzusetzen versuchte.

Die Domäne der öffentlichen Rede ist im 19. Jahrhundert das Parlament, allenfalls die Wahl- und die Gewerkschaftsversammlung. Soweit ein Monarch überhaupt öffentlich sprach, handelte es sich um kurze und konventionelle Kundgaben wie Toasts oder Einweihungsworte, außerdem um das Institut der Thronrede, die sich thematisch und rhetorisch in schmalen Bahnen bewegte und wie jene nicht das Subjekt des Redners erkennbar werden lassen sollte, sondern es ganz im Gegenteil zugunsten der Darstellung der Institution des Staates und der Krone verschwinden machte.

Auch Wilhelm II. hat zeit seiner Tätigkeit viele Reden nicht nur von Amts wegen, sondern in dessen Rahmen gehalten: die Thronreden bei Eröffnung und Schließung der Parlamente, viele Trinksprüche u.ä., für die er sich an das übliche Schema oder an die Vorlagen des Reichskanzlers bzw. des preußischen Staatsministeriums hielt. Aber man kann genau ausmachen, wann er zum ersten Mal Schema und Vorlage hinter sich läßt. Zwei Monate nach seiner Thronbesteigung spricht er am 16. August 1888 in Frankfurt a.d.O. anläßlich einer Denkmalsenthüllung bei dem sich anschließenden Essen zunächst Worte, die bei dieser Gelegenheit und in diesem historischen Zusammenhang selbstverständlich sind: den Dank für den Empfang in der Stadt, das Lob des durch das Denkmal Geehrten, einen Toast auf die Stadt und das Armeekorps, das das Denkmal hat errichten lassen. Aber nach dem üblichen Schluß seiner kurzen Rede fügt er ein paar Sätze hinzu, die einen völlig neuen Ton haben:

»Es giebt Leute, die sich nicht entblöden zu behaupten, daß Mein Vater das, was er mit dem seligen Prinzen gemeinsam mit dem Schwert erkämpfte, wieder herausgeben wollte. Wir alle haben ihn zu gut gekannt, als daß wir einer solchen Beschimpfung seines Andenkens nur einen Augenblick ruhig zusehen könnten. Er hatte denselben Gedanken als wir, daß nichts von den Errungenschaften der großen Zeit aufgegeben werden kann. Ich glaube, daß wir sowohl im III. Armeecorps wie in der gesamten Armee wissen,

daß darüber nur eine Stimme sein kann, daß wir lieber unsre gesamten 18 Armeecorps und 42 Millionen Einwohner auf der Walstatt liegen lassen, als daß wir einen einzigen Stein von dem, was Mein Vater und der Prinz Friedrich Karl errungen haben, abtreten.“

Neu ist dieser Ton, insofern es ihn in der Rede eines Monarchen, ja überhaupt in der eines Staatsmannes oder Politikers im 19. Jahrhundert bis dahin nicht gibt. Die massive Herabsetzung anderer, der Anspruch, die Auffassung aller zu artikulieren, die Übertreibung bis zur Absurdität, selbst Beispiele eines neuen politischen Lexikons („Errungenschaften") gehören der öffentlichen Rede des 20. Jahrhunderts, insbesondere in totalitären Staaten an; dies alles ist auf prekäre Weise fortschrittlich. Aber es macht noch nicht das Ganze des neuen Tons aus, der vielmehr gerade der Wilhelms II. dadurch ist, daß sich die „fortschrittlichen" Redemomente mit solchen verbinden, in denen der rhetorische Ornatus nur noch ornamental ist. Diese ornamentalen Redemomente sind hier in einer Metaphorik zu finden, die die zeitgenössische Gegenwart verdeckt (nämlich als die Zeit des Beginns technischer Kriege): Wilhelm spricht davon, daß etwas „mit dem Schwert erkämpft" wurde und daß Menschen auf der „Walstatt liegen" sollen. Diese Redemomente erscheinen hier auch in Wortverbindungen, in denen das Substantiv und sein adjektivisches Attribut so unlösbar zusammengehören, als seien es semantische Petrefakte: der „selige Prinz" und die „große Zeit". Beide Erscheinungen werden charakteristisch für Wilhelms Reden werden.

Achtet man nur auf die Inhalte dieser Redemomente, so sind sie in der Tat durchaus historisch. Aber deren Struktur bestimmt bis heute die öffentliche Rede im weitesten Sinn mit, also sowohl die Politikerrede wie die gesprochene und geschriebene Rede der Medien.

In dieser spontanen Äußerung zeigt sich auch schon (atembeklemmend) das Beispiel für eine scheinbare Synthese dieser beiden Redemomente: Denn nach Wilhelms Worten sollen, nein wollen die gesamte Armee und die übrige Bevölkerung Deutschlands nicht nur eher sterben, als daß irgend etwas aus der Kriegsbeute von 1870/71 wieder abgegeben werde, vielmehr werden sie auf der „Walstatt liegen" bleiben. Die gräßliche Übertreibung wird durch den poetischen Gestus „harmonisiert"; ein frühes Modell der Durchhaltereden der beiden Weltkriege ist spontan gefunden.

Im Gegensatz dazu hatte Wilhelm in seiner ersten Thronrede vor dem Reichstag am 25. 6. 1888 und dann immer wieder seine Auffassung von der Notwendigkeit der Erhaltung des Friedens betont. Das war nur eine der Meinungen, die den Gegnern und Kritikern Wilhelms bis heute entgegengehalten werden können. Bekannt sind seine, gemessen an der Zeit und am Sprecher, progressiven Meinungen zur Situation der Arbeiter. Ähnlich progressiv sind auch eine Reihe von Bemerkungen zur Schulreform. Am 29.11.1902 betont er, durchaus als ein Freund des technischen Fortschritts: „Das neue Jahrhundert wird beherrscht durch die Wissenschaft, inbegriffen die Technik, und nicht wie das vorige, durch die Philosophie." In derselben Rede kann er sich politisch als Liberaler vorstellen: „Freiheit für das Denken, Freiheit in der Weiterbildung der Religion und Freiheit für unsere wissenschaftliche Forschung, das ist die Freiheit, die Ich dem deutschen Volke wünsche . . ."

Gleichzeitig kann er aber auch als früher Vertreter des Prinzips der Volksgemeinschaft auftreten, der „Individuen entwickelt [sehen möchte], die sich unterordnen zum Wohle des Ganzen und zum Wohle des Volkes und des Vaterlandes". Dann ist er in derselben Rede für den „kategorischen Imperativ der Pflicht", außerdem für die „Liebe [des Volkes] zu seinen Vätern und zur Krone" und schließlich noch für die Dankbarkeit gegenüber Gott.

Der hemmungslose Synkretismus dieses Meinungsensembles hätte auffallen müssen, gerade weil es sich dabei nicht um taktische Manöver zur Gewinnung von Stimmen und Zustimmungen handelte, sondern weil alles, mag es in sich noch so disparat sein, mit großer Wahrscheinlichkeit der Überzeugung des Redners entsprach.

Beiläufig zeigt es sich schon, wie unsinnig in einer Epoche der sogenannten Meinungsvielfalt, also des völligen Ausfalls substantiellen und homogenen Denkens die Berufung auf diese oder jene Meinung eines Meinenden ist. Daß selbst Hitler die „gesundesten Ansichten" hatte, während er gleichzeitig Auschwitz einrichtete, sollte vor allem denen zur Reflexion Anlaß geben, die immer noch Meinungen meinend beurteilen und die nicht danach fragen, ob und wie das ‚richtige' und das ‚falsche' Einzelne zu einer Synthese kommen.

Klarere Auskunft über ein Bewußtsein, das das Disparateste und Heterogenste der Meinungen nebeneinander zuläßt und erträgt, ja nicht einmal als solches erfährt, klarere Auskunft über Wilhelms Reden als durch eine Beurteilung seines politischen Standpunkts könnte durch eine genaue Analyse dessen gewonnen werden, *wie* all das abrupt voneinander Geschiedene und Aneinandergeklebte dennoch als Verbundenes erscheinen kann und warum es trotz aller Unterschiede im Meinungshaften wirklich *eines* ist. Dazu reichen diese Bemerkungen sicher nicht aus, die nicht mehr als ein erster Hinweis auf die konstitutiven Elemente der Reden Wilhelms II. sein können.

Schon das an der Oberfläche der Konventionen sich Versteckende sollte dabei nicht übersehen werden. Mühsam genug hatte sich im Deutschen während des 19. Jahrhunderts eine Egalisierung der Anrede im gesellschaftlichen Umgang durchgesetzt, eine Egalisierung, die, weil sie sich an der dritten Person Plural als der Anredeform des Adels orientierte, eine konventionelle Respektierung aller erreichte und dadurch ein winziges und dennoch wichtiges Moment der Humanisierung wurde. Wilhelm machte davon Ausnahmen: in seinem ersten Armeebefehl (15.6.1888) redet er die Soldaten mit „ihr" an, streikende Bergleute am 14.5.1889 ebenso, während er noch am 16.11.1888 die Repräsentanten von Arbeitervereinen in Breslau mit „meine Herren" begrüßt hatte. Während bei der Anrede der Armee die patriarchalische Attitüde der Vergangenheit wieder zurückgeholt werden soll, die Wilhelm so schätzte, daß er seine Umgebung bis zuletzt oft als „Kinder" ansprach, ist bei dem Empfang der streikenden Bergleute diese Attitüde bereits auf die Demonstration von Überlegenheit, Geringschätzung und damit verbundener leiser Drohung reduziert. Hier fängt das Verspielen der Humanität der Konventionen an, wie es längst allgemein geworden ist, so daß die zweite Person Singular und Plural, die sogar einst eine besondere Solidarität ausdrücken sollte, nun eine neue Egalisierung manifestiert, die etwas von der gleichen Geringschätzung aller so Sprechenden gegenüber allen so Angesprochenen verrät.

Was dem scheinbar so Beiläufigen der Anredeform schon eingezeichnet ist, das erscheint in massiver Deutlichkeit in den Drohgesten, die immer wieder und fast immer unmotiviert und plötzlich in den Reden Wilhelms sich melden, soweit sie ihn unzweifelhaft zum Verfasser haben. Vor dem Krieg werden das eigene Volk oder einzelne Gruppen des Volkes viel häufiger mit kaiserlichen Drohungen konfrontiert als das Ausland. Das spricht er als ein bestimmtes Land nur einmal drohend an, und zwar als er nach der Ermordung des deutschen Gesandten in Peking 1900 immerhin sechs Ansprachen an die Truppen hält, die nach China befohlen worden sind. Bemerkenswert ist vor allem der Satz aus einer Rede in Bremerhaven vom 27.7.1900: „Führt eure Waffen so, daß auf tausend Jahre hinaus kein Chinese mehr es wagt, einen Deutschen scheel anzusehen.“ Bemerkenswert ist dieser Satz, weil er typisch für die Art der rhetorischen Drohgesten Wilhelms ist, für eine Art der Übertreibung, die ebenso schrecklich wie albern, ebenso furchterregend wie nicht ernst zu nehmen ist. Und mehr als ein zufälliges Signal ist es, daß die Millenniumsvorstellung in diesem Jahrhundert zum ersten Mal gerade im Zusammenhang mit einer Drohung aufgerufen wird. So erscheint es nur konsequent, daß für die Herstellung dieser Art von tausendjähriger Ordnung ein entsprechendes tausendjähriges Reich benötigt wurde.

Angehörigen des eigenen Volkes droht der Kaiser häufiger, nämlich daß er sie „zerschmettern" werde (5.3.1890), daß er sie, und zwar zur Not von ihren eigenen Söhnen, niederschießen lasse (23.11.1891). Er duldet weder „Nörgler" (24.2.1892) noch „Schwarzseher" (8.9.1906). Er bedeutet den Arbeitern, sie dürften sich mit Agitatoren nicht einlassen (5.12.1902), einem Domkapitel, es habe dafür zu sorgen, daß der tote (!) Papst Leo XIII. nicht „dem deutschen Kaiser gegenüber wortbrüchig werde" (9.8.1905) — Furchterregung und Komik sind hier deckungsgleich —, und den Bürgern polnischer Sprache wird noch vor einer Abreise des Kaisers auf dem Bahnhof in Thorn mitgeteilt: „Ich kann auch sehr unangenehm sein und werde es, wenn erforderlich, auch werden." (22.9.1894) Dieses Diktum ist das Pendant zu der Drohung gegenüber den Chinesen. Daß das Furchterregende immer zugleich auch komisch wirkt, liegt an der Unfähigkeit Wilhelms, situationsgerecht zu sprechen: das eine Mal hat er die Attitüde des Weltenbeherrschers, das andere Mal die des Dorfschulmeisters: entweder redet er über die Situation hinaus oder er bleibt unter ihr. Aber mit beiden Arten des Drohens, mit der sinnlosen Übertreibung wie mit der pedantischen Zurechtweisung, gibt er nur erste Beispiele öffentlicher Drohung, wie sie in den Reden in totalitären Staaten dieses Jahrhunderts immer aufs neue anzutreffen sein wird und wie sie vielleicht in der rhetorischen Drohung mit der Atombombe und der persönlichen Bedrohung von Einzelnen in öffentlicher Rede ihre extreme Gegenwartsform gefunden hat.

Beides sind aber nur die rohesten Zeichen eines sprachlichen Unvermögens, das sich selbst am allerwenigsten als solches begreift. Wenn die diplomatische Sprache des 18. und 19. Jahrhunderts die Drohrede mehr und mehr sublimiert hatte, so zeigt sich im Drohen als Übertreibung und Pedanterie die Umkehrung dieses Prozesses als Teil der allgemeinen Entsprachlichung. In den rhetorischen Drohungen Wilhelms und seiner Nachfolger deutet sich an, welche äußersten Konsequenzen das Fehlen des rechten Wortes hat, in dem das richtige und das gerechte Wort aufgehoben wären: den großen Knall oder den Totschlag des Einzelnen, den Weltkrieg oder das KZ-Lager. Eine Variante dieser Drohungen war es, daß Wilhelm im Ersten Weltkrieg sogar mit dem Frieden drohte, der der Welt „auf jede Art" gebracht werden sollte. „... der, welcher den Frieden nicht annehmen will, [...] der muß dazu gezwungen werden" (10.2.1918), und zwar durch Bedingungen, die Wilhelm „mit den Bajonettspitzen meiner Soldaten diktieren" (7.2.1915) wollte. Der Friede durch Drohung bedeutete die Fortsetzung des Weltkriegs mit unwesentlich veränderten Mitteln.

Es scheint nur so, als seien die Sprachskepsis der Epoche und die Drohrhetorik Wilhelms, die wiederum nur die massivste Manifestation seines öffentlichen Redens überhaupt ist, etwas völlig Verschiedenes. Beide reflektieren ein gleichermaßen unzulängliches Verhältnis zur Sprache. Die Tendenz zum (eigenen) Verstummen und die Tendenz zum Zerschmettern (des anderen) kommen darin überein, daß beide Male die Sprache und damit jede denkbare humane Welt aufgegeben werden.

Die Reden Wilhelms bedeuten Entscheidungen gegen die Sprache wie später die allermeisten öffentlichen Reden dieses Jahrhunderts, weil ihr Sprecher, statt *in* der Sprache zu denken, nur *mit* ihr operiert, weil in ihnen der Abbruch der Sprach- als Bewußtseinsgeschichte sich anzeigt, die Verkehrung der Sprache als Streit und Prozeß der Begriffe in ein Arsenal der Phrasen. Diese Verkehrung zeigt sich vor allem im Geklitterten der Sprache dieser Reden, das ebenso im semantischen wie im syntaktischen und im stilistischen, im metaphorischen wie im logischen Bereich anzutreffen ist.

Geklittert im direktesten Sinn wird eine historische Episode mit Wilhelms Geschichtsvorstellung, wenn er einfach die überlieferte Version in ihr Gegenteil verkehrt (4.5.1890). Geklittert wird diese Geschichtsvorstellung selbst mit Metaphysik, wenn Wilhelm in seiner Seepredigt vom 29.7.1900 sagt: „Die Weltgeschichte wird einst die Kämpfe dieser Tage beschreiben. [. . .] Aber die Ewigkeit wird einst noch mehr offenbaren, sie wird es zeigen, wie die verborgenen Gebete der Gläubigen eine Großmacht gewesen in diesen Kämpfen . . ." Diese Klitterung gelingt außer durch den steigernden Anschluß durch die Interpretation der „Gebete der Gläubigen" als „Großmacht".

Spricht er von seinem Großvater Wilhelm I., den er immer wieder als großen Vorgänger und als Vorbild apostrophiert, so verbindet der Redner die bescheidenen Tatsachen, die von diesem Kaiser allenfalls mitgeteilt werden können, klitternd mit den eigenen Vorstellungen vom Kaisertum. Aus einer Grundsteinlegung wird dann „die letzte große That, die Mein Herr Großvater in Seinem öffentlichen Leben vollzog", und aus einer notwendig höchstens beiläufigen Bemerkung des Großvaters über diesen Tag wird ein „bedeutendes" Zitat entwickelt, das als weitgehend erfundenes schon durch seine logische Abstrusität ausgewiesen wird: „Und wenn Ich viele Jahre Meines Lebens darangeben sollte, Ich werde niemals diesen schönen Tag, den Ich damals in Schleswig-Holstein erlebt habe, vergessen", habe Wilhelm I. gesagt (5.9.1890). Die logische Abstrusität entsteht dank einer Klitterung von Teilen zweier emphatischer Formeln, die einzeln etwa lauten könnten: *Und wenn ich viele Jahre meines Lebens darangeben sollte,* so würde ich doch nicht auf diesen einen Tag verzichten wollen. Und: Mag es auch noch so viele neue und große Eindrücke geben, *so werde ich doch niemals diesen schönen Tag vergessen.*

Ein paar Jahre später, am 21.6.1895, ist die Klitterung in bezug auf Wilhelm I. schon auf die Formel gebracht. Der Enkel spricht zum ersten Mal von „Kaiser Wilhelm dem Großen", das Attribut willkürlich dem Namen applizierend und auf diese Weise die historische Qualität des Vorgängers dekretierend. Weitere 1 1/2 Jahre danach werden Wilhelm I., das Mittelalter und die Gegenwart verbunden: Wilhelm I. habe Preußen zur Vormacht in Deutschland gemacht und dieses geeint; auf dieser Basis fährt Wilhelm II. fort: „... wenn der hohe Herr im Mittelalter gelebt hätte, er wäre heilig gesprochen*, und Pilgerzüge aus allen Ländern wären hingezogen, um an seinen Gebeinen Gebete zu verrichten". Und schon springt er wieder in die Gegenwart: „Gott sei Dank, das ist auch heute noch so! Seines Grabes Tür steht offen, alltäglich wandern die treuen Untertanen dahin und führen ihre Kinder hin ..." (26.2.1897)

In kurzem: im ersten Satz wird erst behauptet, daß der Machtpolitiker von gestern im Mittelalter ein Heiliger gewesen wäre; im zweiten wird er mittels der Analogie der Verehrung am Grabe gar zu einem Heiligen der Gegenwart befördert.

Wie die Klitterung von Vorstellungen der scheinbar nur formalen Momente der Sprache bedarf, um sich herzustellen und um sich bei den Zuhörern durchzusetzen, war an einigen Beispielen schon erkennbar. Erst die Beobachtung der formalen Momente läßt die Struktur dieses Denkens und dadurch auch dessen geschichtliche Bedeutung wirklich begreifen. —

In seiner ersten Thronrede vom 25.6.1888, die mit hoher Wahrscheinlichkeit zum größten Teil nicht Wilhelm verfaßt hat, gibt es zumindest eine Stelle, die, hat Wilhelm sie nicht selbst eingefügt,

* Diese Wendung benutzt Diederich Heßling in Heinrich Manns Roman „Der Untertan" in seiner Rede bei der Einweihung eines Kaiser-Wilhelm-Denkmals (Hamburg [4]1958, S. 487).

von ihm herrühren könnte. Es geht um die Sozialgesetzgebung, und nach der ganz im Kurialstil gefaßten Bemerkung, „daß die Reichsgesetzgebung für die arbeitende Bevölkerung auch ferner den Schutz erstrebe“, werden plötzlich katholisch-theologische Nomenklatur und darwinistisches Schlagwort verknüpft: „... den sie, im Anschluß an die Grundsätze der christlichen Sittenlehre den Schwachen und Bedrängten im Kampfe ums Dasein gewähren kann“. Hier ist die Vorstellung des Sprechers von der Sprache als Arsenal greifbar deutlich. Ohne jede Reflexion verfügt der Kaiser über ganz verdinglichte und ihm schon insofern fremde Prägungen heterogener Art und imputiert sie dem gängigen Stil der Thronrede.

Ebenso selbstverständlich kann er bei einer Rede in Aachen am 19.6.1902 von einem christlichen Gelübde in einen Toast übergehen. Oder er kann Toast und liturgische Formel gar kombinieren: „Ich trinke Mein Glas deutschen Weines auf die Rheinprovinz. Möge sie blühen und gedeihen von jetzt immerfort bis in Ewigkeit! Die Rheinprovinz, sie lebe hoch! — hoch!! — hoch!!!“ (4.5.1891) Bei einer Grundsteinlegung für ein Denkmal kombiniert er den eigentlichen Bestimmungssatz mit der liturgischen Formel „Im Namen des Vaters ...“ und mit einer Art Handwerkerspruch: „Ich sprach's — Gott walt's!“ (23.8.1889) Eine nationale Schlußapotheose bei einer Rede in Bremen am 22.3.1905 erhält als besonderes Ornament ein unmittelbar auf die Deutschen bezogenes Bibelzitat: „Wir sind das Salz der Erde ...“ Das Inhaltliche des Stilistischen tritt in dieser Mengung „weltlicher“ und geistlicher Rede stark hervor. Damit aber auch deren historische Trennung, die hier nicht etwa in einem Reflexionsprozeß auf ihre Überwindung tendiert, sondern einfach geleugnet wird. Dadurch aber wird beides zum Nichtigen: das eine zur Redensart, die für sich selbst nicht bestehen kann, das andere zu einer, die nur dazu da ist, den üblichen Kaiserworten wenigstens rhetorisch Bedeutung zu geben. Der einmal instrumentalisierten Sprache muß ständig durch rhetorische und semantische Tricks aufgeholfen werden. Wie die Übertreibung der Drohung Nachdruck geben soll, so die geistlichen Formeln den Behauptungen und Attitüden Substanz. Aber das Wesenlose und Nichtige zeigt sich in Wahrheit gerade in diesen Klitterungsversuchen.

Doch kann es auch geschehen, daß in die geistliche Rede durchaus „Weltliches“ eindringt. In der einzigen Predigt (von offenbar vielen), die in der Sammlung der Reden Wilhelms II. von J. Penzler abgedruckt ist, gibt es dafür eine interessante Stelle. Diese Predigt ist ein Paradigma für die dann im Ersten Weltkrieg grassierende nationale Predigt, denn hier bereits wird durchgehend die Situation des Bibeltextes auf eine aktuelle politische Situation bezogen. Aber die Stelle, die gemeint ist, läßt jenseits des Themas, nur unter dem Gesichtspunkt der Stilmengung noch mehr und anderes erkennen als die Nationalisierung der Religion.

„So wollen wir sie mit unseren Gebeten geleiten hinaus aufs wogende Meer, hin auf ihre Märsche, hinein in den Donner der Schlacht und in die Stille der Lazarette, wollen Gott den Herrn bitten, daß sie männlich und stark stehen auf ihren Posten, daß sie heldenmütig und unverzagt ihre Schlachten schlagen, daß sie tapfer und still ihre Wunden tragen; daß Gott denen, die im Feuer zusammenbrechen, ein seliges Ende beschere und ihnen den Lohn der Treue gebe, kurz, daß er die Krieger zu Helden mache und die Helden zu Siegern und sie dann mit Lorbeer um den Tropenhelm und mit den Ehrenzeichen auf der Brust heimbringe in das Land ihrer Väter." (29.7.1900)

Der Anfang der Passage mengt geistliche Formeln mit spezifisch rhetorisch-poetischen; u.a. wird mit den rhetorischen Figuren des Parallelismus und der Klimax und mit einem gereimten Verspaar operiert. Anders also als bei sonstigen Kaiserreden wird hier gerade für die geistliche Rede der Predigt Bestätigung in der rhetorisierten poetischen Rede gesucht. Aber das ist nicht alles. Nachdem der Prediger die Möglichkeiten beider Stilarten in bezug auf das Thema der ausziehenden und der heimkehrenden oder gefallenen Soldaten ausgeschöpft hat, beendet er den Satz nicht mit „und ihnen den Lohn der Treue gebe", sondern kehr er nun den populärwissenschaftlichen Redner hervor, der das Resümee seiner Darlegungen gibt: „. . . kurz, daß er die Krieger zu Helden mache und die Helden zu Siegern . . ." Dieses zusammenfassende „kurz" ist wie eine Selbstermahnung, den Automatismus der Phrasen anzuhalten und in einem diskursiven Ergebnis das Vorhergehende als Gedankengang zu retten. Da es aber nichts zusammenzufassen gibt, kommt es „inhaltlich" selbstverständlich nicht zu diesem

Ergebnis, dennoch bleibt der Eindruck: nun werde ganz logisch — erstens, zweitens, drittens — mitgeteilt, was durch die Erörterung herausgekommen sei.

Auch die „Möglichkeit" zur Nationalisierung der Religion geht also aus dem Prinzip der sprachlichen Klitterung hervor, das grundsätzlich das Unvereinbare zudeckt und auf die Vereinbarkeit von allem mit allem tendiert. Das aber hat den Ausfall aller Differenzierung zur Konsequenz und damit der Reflexion selbst. Es ist die Einführung des Hexeneinmaleins im „Faust" als Prinzip öffentlicher Rede.

Die Klitterung als Grundprinzip der Rede funktioniert hinsichtlich der Redewirkung als Stützung der einen Redeweise durch die kategorial andere, und zwar nicht nur als die „weltlicher" Redensarten durch geistliche. Da die Sprache nicht mehr das Erscheinen des Gedankens ist, sondern nur noch aus dessen Petrefakten besteht, die nun als Versatzstücke der Rede funktionieren, braucht jeder Satz, ja jede Wendung, um wenigstens den Schein der Aussage zu bekommen und nicht unablässig als nichtig in sich zusammenzustürzen, die Stützung durch andersgeartete Sätze und Wendungen, die ihrerseits zwar auch nichts sagen, doch für den Augenblick den Eindruck erwecken, sie bestätigten und fundierten das gerade Gesagte. Diese Rhetorik kann daher aus nichts anderem als ihrer unmittelbaren Wirkung bestehen, und die Verbindung des Heterogenen vollzieht sich daher immer nur augenblickhaft. Präzis erfaßte das schon ein zeitgenössischer Verehrer

Wilhelms, als er sagte, „daß die Zuhörer [Wilhelms] gepackt und hingerissen sind von dem Zauber und an keine Kritik zu denken vermögen“. Diese Wirkung durch dieses Verfahren ist das der offen oder versteckt demagogischen Rede des 20. Jahrhunderts insgesamt.

Geklittert ist auch die Metaphorik der Reden in vielen Fällen, was wiederum nötig ist, um die gedankliche Funktions- und Substanzlosigkeit der einzelnen Metapher unauffällig zu machen. Manchmal wird das Geklitterte am offenkundig Verfehlten der Metapher oder eines Vergleichs sofort deutlich: „Unsere U-Boote nagen, wie der verzehrende Wurm am Lebensmark der Gegner ...“ (11.9.1918) Doch unfreiwillige Komik drastischer Art ist gar nicht so häufig. Eine Synekdoche wie die folgende wirkt zwar bei genauer Betrachtung auch komisch, beim Hören mochte sie jedoch, gerade insofern mit ihr in dieser Weise operiert wurde, als bedeutend gelten und die Vorstellung vom „Auge Gottes“ schaffen, obwohl sie im einzelnen unnötig und falsch gebraucht wird und im ganzen unsinnig ist. Wilhelm mahnt die Soldaten eines Regiments, sie sollten nie vergessen, „daß die Augen [Wilhelms I.], die damals unter uns auf unsrer Arbeit weilten, von oben herab auf unser Thun herniederschauen, ob wir so auch weiter arbeiten“ (22.12.1888).

Für die Metaphorik der Reden gilt ganz besonders, daß eben das Geklitterte, das bei der schwächsten kritischen Aufmerksamkeit im Gelächter zerfiele, das einzelne metaphorische Moment gerade stabilisiert und es bedeutend erscheinen läßt, wenn der Redner das Gegenteil von kritischer Aufmerksamkeit voraussetzen kann. Das aber konnte er, weil das Bewußtsein der meisten Zuhörer dank langjähriger und allmählicher Gewöhnung an die Prinzipien dieses Sprechens, vor allem durch die Lektüre der Presse, so strukturiert war wie das des Redners selbst.

Wie kann ein Regiment „erleben", daß es eine bedeutende Geschichte habe? „... wie der Phönix sich verjüngt, so hat auch dieses Regiment es verstanden, aus der Asche des Vergangenen neu emporsteigend, wiederum Lorbeeren für sein Königshaus zu sammeln und um seine Standarte zu flechten" (24.4.1889). Die Albernheit der Vorstellung eines Phönix, der außer der Erfüllung seiner traditionellen metaphorischen Funktion auch noch Lorbeeren sammelt und sie um Fahnen flicht, geht in der Produktion und dem Erlebnis der Erweiterung des Vergleichs unter: Statt zu überlegen, ob der Vergleich überhaupt sinnvoll und also statthaft sei, produziert der Redner noch mehr Metaphorik; statt sich zu fragen, was denn gesagt werde, rezipieren die Zuhörer einen vagen Gesamteindruck, der aus einer ganzen Reihe „schwerer Wörter" besteht, die „irgendwie" kombiniert sind.

Nicht nur für Lob, auch für Drohungen eignet sich dieses Verfahren, ja es kann dafür wirksamer sein als das direkte Sprechen, das allenfalls punktuell mit (nicht mehr als solchen realisierten) Metaphern umgeht. Denn die direkte Drohung trifft und ängstigt auch den loyalen Zuhörer. Mit der Metapher hingegen kann er wie der Untertan Diederich Heßling sich identifizieren. „Es schleicht der Geist des Ungehorsams durch das Land; gehüllt in schillernd verführerisches Gewand, versucht er die Gemüter Meines Volkes und die Mir ergebenen Männer zu verwirren; eines Oceans von Druckerschwärze und Papier bedient er sich, um die Wege zu verschleiern, die klar zu Tage liegen und liegen müssen ..." (20.2.1891)

Unvorstellbar bleibt das Ganze jedem, der es aus seinen Teilen aufbauen will. Aber die Klitterung schafft den Eindruck von einem politischen Erlkönig, gegen den jeder Angst und Abwehr aktiviert. Es zeigt sich, wie dieses antisprachliche Sprechen, das als solches gedanklich nichtig sein muß, dennoch, ja gerade darum wirksam ist und ein Paradigma wirkungsvoller öffentlicher Rede in diesem Jahrhundert. Das ist es aber nicht, weil es ein nicht genügend rationales Sprechen wäre, denn die ganz auf die Wirkung rhetorischer Mittel abgestellte Rede ist in hohem Maße kalkuliert, so daß auch die Phantasieelemente der Sprache, etwa die metaphorischen, unter dem Aspekt der Wirkungssteigerung gerade durch Quantität und Massierung manipuliert werden.—

Nichtsdestoweniger hat das Nichtssagende der Reden Wilhelms die Monotonie des ganzen Corpus der Reden zur Folge. Auch werden Themen, so das der Größe Wilhelms I., der viel häufiger erwähnt wird als jeder andere Preußenkönig, oft und oft wiederholt und variiert, wie das übrigens in Hitlers Reden mit dem Thema der Parteigenese geschah. Die Übereinstimmung der Reden beider in Monotonie und Wiederholung ist nicht zufällig und vereinzelt. Vielmehr gibt es im ganzen wie im einzelnen eine Fülle von strukturellen Ähnlichkeiten und Gemeinsamkeiten zwischen den Reden Wilhelms II. und den Reden Hitlers. Es wäre wahrscheinlich außerordentlich ertragreich, z.B. das Prinzip der Klitterung auch in den Reden Hitlers zu untersuchen.

Wenn aber beide ein spezifisches Thema angehen wie etwa das der Kunst, so fallen sogar erhebliche *inhaltliche* Gemeinsamkeiten auf. Ein paar Gegenüberstellungen aus Wilhelms Rede „Die wahre Kunst" vom 18.12.1901 bei Enthüllung der Denkmäler der Siegesallee und Hitlers Rede zur Einweihung des „Hauses der Deutschen Kunst" am 19.7.1937 zeigen das:

Die „ewigen Gesetze" der Natur und der Kunst / das „ewige Denkmal" der Kunst als Ausdruck des „Seienden" des Volkes;

„Das Gesetz der Schönheit und Harmonie" / „das Gesetz der Klarheit";

die „sogenannten modernen Richtungen und Strömungen" / die „sogenannte ‚moderne' Kunst";

die Darstellung des Elends als Versündigung am deutschen Volk/die „unnatürlichen Schmierereien und Klecksereien" sind „dem deutschen Volke [. . .] ein Greuel";

„der rechte Künstler bedarf keiner Marktschreierei" / „das Wirken" der Meister war „weit entfernt" „von jenem erbärmlichen Marktbetrieb";

„ein Gefühl für das, was häßlich oder schön ist, hat jeder Mensch" / „Aus diesem Gesetz heraus [i.e. „Deutsch sein, heißt klar sein!"] finden wir dann auch einen allgemein gültigen Maßstab für das richtige, weil dem Lebensgesetz unseres Volkes entsprechende Wesen unserer Kunst."

Über die je einzelnen Gemeinsamkeiten hinaus macht aber vor allem die Klitterung von zum Teil ganz Verschiedenem wiederum das Gemeinsame im ganzen aus.

Gemeinsam ist beiden Rednern auch die große Redeproduktion, die sich aus dem Quasiautomatischen des Produzierens erklärt. Da es nicht um das Denken in Sprache, nicht um die Herstellung von Gedanken beim Reden, sondern um die variierende Klitterung von Redefertigteilen geht, können die Reden ohne nennenswerte Produktionswiderstände entstehen. Hierin tritt die Nähe der Struktur dieser politischen Reden zur journalistischen Produktion hervor. Wilhelm liest nicht von ungefähr vor der Schulkonferenz (17.12.1890) den größten Teil eines Leitartikels aus einer Tageszeitung vor, weil er ihn „für so bemerkenswert, für so schön geschrieben" hält und weil er „in jeder Weise das wiedergibt", was seine eigenen Gedanken zu der Materie gewesen seien. Der Leitartikel kann eine Rede des Kaisers substituieren, und der Kaiser als Redner ist ein Leitartikler auf dem Thron.

Gemeinsam ist Wilhelms und Hitlers Reden aber schließlich, daß das einzige nennenswerte Substrat ihrer Reden im wesentlichen die Drohung ist. Von ihr und ihrer Perspektive in Wilhelms Reden haben wir schon oben gesprochen.

Sie vollendet sich wie auch bei Hitler in den Kriegsreden, und zwar als direkte Aufforderung zur Gewalt. Hierin emanzipiert sich auf schlimme Weise die aus Phrasen geklitterte Rede zu ihrem wahren und einzigen Bewußtsein. Einige Drohungen aus den Kriegsreden wurden schon zitiert. Aber es ist alles aus diesem Geist:

„Merkt es euch! nicht eher abkommen, ehe man weiß, daß der Schuß sitzt. Jede Kugel muß ihren Gegner niederstrecken."

„. . . haut drauf, bis der letzte Russe am Boden liegt". (Bogdan Krieger, Der Kaiser im Felde, 1916.)

„Will der Feind den Frieden nicht, dann müssen wir der Welt den Frieden bringen dadurch, daß wir mit eiserner Faust und mit blitzendem Schwert die Pforten einschlagen bei denen, die den Frieden nicht wollen" (22.12.1917).

„Enorme Opfer" werden am 31.7.1914 drohend dem eigenen Volk angekündigt: die Verbindung von Jargon- und metaphysischer Vokabel läßt die Gewalt schon hörbar werden. Der Tag einer Schlacht heißt in unbewußter Genauigkeit „Schlachttag" (Bogdan Krieger. Der Kaiser im Felde, 1916). Das deutsche Volk kann sich auf Gott nicht nur fest, sondern auf den alttestamentarischen „Herrn der Heerscharen" „bombenfest" verlassen, was ihn im Nu zum neudeutschen General transformiert (22.12.1917). „Flaumacherei" (11.9.1918) aber wird bestraft, und im Jargonwort wird die verbale Drohung selbst schon zum Beginn der gewalttätigen Erniedrigung derer, auf die das Wort angewendet wird.

Aber auch die Siegesgewissen haben nichts mehr zu lachen. Am Ende seiner letzten Rede, die er vor Krupp-Arbeitern und -Angestellten am 11.9.1918 hält, sagt Wilhelm ihnen, was sie zu tun haben:

„Werdet stark wie Stahl, und der deutsche Volksblock, zu Stahl zusammengeschweißt, der soll dem Feinde seine Kraft zeigen."

Die Wendung vom zusammengeschweißten Volksblock, in der die Sprache noch daran erinnert, wie wenig dauerhaft solche Verbindungen sind, erinnert die heutigen Leser besonders an die Nazireden im letzten Kriege. Vor allem aber an Goebbels' Rede zum totalen Krieg, zumal sich auch in Wilhelms Rede an das Zitat bereits die Aufforderung zu einem Versprechen anschloß, dem die „Frage" Goebbels' entsprach, ob man den totalen Krieg wolle; bei Wilhelm heißt es: „Wir wollen kämpfen und durchhalten bis zum letzten."

Im totalen Krieg findet die latente Gewalt der Drohung, insofern sie sich zur offenkundigen Aufforderung zur Gewalt aller gegen alle steigert, ihre Erfüllung. Das ist der Triumph der Sprachlosigkeit. In Wilhelms Reden zeigt sich zum ersten, in denen Hitlers und Goebbels' keineswegs zum letzten Mal, wie eng das Phrasenhafte der Reden und der Ausbruch der Gewalt verknüpft sind. Diese Reden sind keineswegs nur historisch. In ihnen meldet sich, was unsere Epoche im ganzen bestimmt.